Spanish I
Teacher's Guide

CONTENTS

Editor: Alan Christopherson, M.S.

ALPHA OMEGA
PUBLICATIONS

Published by Alpha Omega Publications, Inc.
300 North McKemy Avenue, Chandler, Arizona 85226-2618

Spanish I (New Edition)

INTRODUCTION
- Spanish alphabet
- Syllables and accents
- Helpful phrases
- Basic greetings

THE SCHOOL
- School vocabulary
- Subject pronouns
- Verb conjugations -ar
- Speaking, writing and reading practice

FAMILY & HOME
- Nouns
- Articles and numbers
- Family members
- Months, seasons, days, time
- Verb conjugations -er & -ir

AROUND THE TOWN
- Descriptive adjectives
- Adjective agreement
- Irregular verbs
- Numbers to 100

PASTIMES
- Body, clothing, colors
- Possessive adjectives, irregular verbs
- Stem-changing verbs

IN THE RESTAURANT
- Food
- Irregular verbs, idioms
- Numbers to 1,000,000
- South American geography

PERSONAL CARE
- Reflexive verbs
- Weather conditions
- Adverbs
- Demonstrative adjectives

TRAVEL & TRANSPORTATION
- Transportation
- Present progressive tense
- Vacations and recreation
- Direct object pronouns

A TYPICAL TOWN
- Hispanic town square
- Prepositions
- Indirect object pronouns
- Double object pronouns
- Prepositional pronouns

LET'S USE SPANISH
- Spanish review
- Natural situations
- Cultural aspects
- Spanish practice

LIFEPAC 1
LIFEPAC 2
LIFEPAC 3
LIFEPAC 4
LIFEPAC 5
LIFEPAC 6
LIFEPAC 7
LIFEPAC 8
LIFEPAC 9
LIFEPAC 10

STRUCTURE OF THE LIFEPAC CURRICULUM

The LIFEPAC curriculum is conveniently structured to provide one teacher handbook containing teacher support material with answer keys and ten student worktexts for each subject at grade levels two through twelve. The worktext format of the LIFEPACs allows the student to read the textual information and complete workbook activities all in the same booklet. The easy to follow LIFEPAC numbering system lists the grade as the first number(s) and the last two digits as the number of the series. For example, the Language Arts LIFEPAC at the 6th grade level, 5th book in the series would be LA 605.

Each LIFEPAC is divided into 3 to 5 sections and begins with an introduction or overview of the booklet as well as a series of specific learning objectives to give a purpose to the study of the LIFEPAC. The introduction and objectives are followed by a vocabulary section which may be found at the beginning of each section at the lower levels, at the beginning of the LIFEPAC in the middle grades, or in the glossary at the high school level. Vocabulary words are used to develop word recognition and should not be confused with the spelling words introduced later in the LIFEPAC. The student should learn all vocabulary words before working the LIFEPAC sections to improve comprehension, retention, and reading skills.

Each activity or written assignment has a number for easy identification, such as 1.1. The first number corresponds to the LIFEPAC section and the number to the right of the decimal is the number of the activity.

Teacher checkpoints, which are essential to maintain quality learning, are found at various locations throughout the LIFEPAC. The teacher should check 1) neatness of work and penmanship, 2) quality of understanding (tested with a short oral quiz), 3) thoroughness of answers (complete sentences and paragraphs, correct spelling, etc.), 4) completion of activities (no blank spaces), and 5) accuracy of answers as compared to the answer key (all answers correct).

The self test questions are also number coded for easy reference. For example, 2.015 means that this is the 15th question in the self test of Section II. The first number corresponds to the LIFEPAC section, the zero indicates that it is a self test question, and the number to the right of the zero the question number.

The LIFEPAC test is packaged at the centerfold of each LIFEPAC. It should be removed and put aside before giving the booklet to the student for study.

Answer and test keys have the same numbering system as the LIFEPACs and appear at the back of this handbook. The student may be given access to the answer keys (not the test keys) under teacher supervision so that he can score his own work.

A thorough study of the Curriculum Overview by the teacher before instruction begins is essential to the success of the student. The teacher should become familiar with expected skill mastery and understand how these grade level skills fit into the overall skill development of the curriculum. The teacher should also preview the objectives that appear at the beginning of each LIFEPAC for additional preparation and planning.

TEST SCORING and GRADING

Answer keys and test keys give examples of correct answers. They convey the idea, but the student may use many ways to express a correct answer. The teacher should check for the essence of the answer, not for the exact wording. Many questions are high level and require thinking and creativity on the part of the student. Each answer should be scored based on whether or not the main idea written by the student matches the model example. "Any Order" or "Either Order" in a key indicates that no particular order is necessary to be correct.

Most self tests and LIFEPAC tests at the lower elementary levels are scored at 1 point per answer; however, the upper levels may have a point system awarding 2 to 5 points for various answers or questions. Further, the total test points will vary; they may not always equal 100 points. They may be 78, 85, 100, 105, etc.

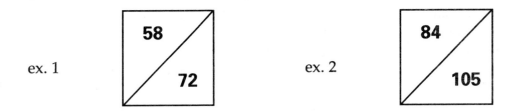

ex. 1   ex. 2

A score box similar to ex.1 above is located at the end of each self test and on the front of the LIFEPAC test. The bottom score, 72, represents the total number of points possible on the test. The upper score, 58, represents the number of points your student will need to receive an 80% or passing grade. If you wish to establish the exact percentage that your student has achieved, find the total points of his correct answers and divide it by the bottom number (in this case 72.) For example, if your student has a point total of 65, divide 65 by 72 for a grade of 90%. Referring to ex. 2, on a test with a total of 105 possible points, the student would have to receive a minimum of 84 correct points for an 80% or passing grade. If your student has received 93 points, simply divide the 93 by 105 for a percentage grade of 86%. Students who receive a score below 80% should review the LIFEPAC and retest using the appropriate Alternate Test found in the Teacher's Guide.

The following is a guideline to assign letter grades for completed LIFEPACs based on a maximum total score of 100 points.

LIFEPAC Test = 60% of the Total Score (or percent grade)
Self Test   = 25% of the Total Score (average percent of self tests)
Reports   = 10% or 10* points per LIFEPAC
Oral Work   = 5% or 5* points per LIFEPAC
*Determined by the teacher's subjective evaluation of the student's daily work.

Example:

LIFEPAC Test Score	=	92%	92 x .60		=	55 points
Self Test Average	=	90%	90 x .25		=	23 points
Reports					=	8 points
Oral Work					=	4 points

TOTAL POINTS	=	90 points

Grade Scale based on point system:

100	–	94	=	A
93	–	86	=	B
85	–	77	=	C
76	–	70	=	D
Below		70	=	F

TEACHER HINTS and STUDYING TECHNIQUES

LIFEPAC Activities are written to check the level of understanding of the preceding text. The student may look back to the text as necessary to complete these activities; however, a student should never attempt to do the activities without reading (studying) the text first. Self tests and LIFEPAC tests are never open book tests.

Writing complete answers (paragraphs) to some questions is an integral part of the LIFEPAC Curriculum in all subjects. This builds communication and organization skills, increases understanding and retention of ideas, and helps enforce good penmanship. Complete sentences should be encouraged for this type of activity. Obviously, single words or phrases do not meet the intent of the activity, since multiple lines are given for the response.

Review is essential to student success. Time invested in review where review is suggested will be time saved in correcting errors later. Self tests, unlike the section activities, are closed book. This procedure helps to identify weaknesses before they become too great to overcome. Certain objectives from self tests are cumulative and test previous sections; therefore, good preparation for a self test must include all material studied up to that testing point.

The following procedure checklist has been found to be successful in developing good study habits in the LIFEPAC curriculum.

1. Read the Introduction and Table of Contents.

2. Read the objectives.

3. Recite and study the entire vocabulary (glossary) list.

4. Study each section as follows:

      a. Read all the text for the entire section, but answer none of the activities.

b. Return to the beginning of the section and memorize each vocabulary word and definition.

c. Reread the section, complete the activities, check the answers with the answer key, correct all errors, and have the teacher check.

d. Read the self test but do not answer the questions.

e. Go to the beginning of the first section and reread the text and answers to the activities up to the self test you have not yet done.

f. Answer the questions to the self test without looking back.

g. Have the self test checked by the teacher.

h. Correct the self test and have the teacher check the corrections.

i. Repeat steps a–h for each section.

5. Use the SQ3R* method to prepare for the LIFEPAC test.

6. Take the LIFEPAC test as a closed book test.

7. LIFEPAC tests are administered and scored under direct teacher supervision. Students who receive scores below 80% should review the LIFEPAC using the SQ3R* study method and take the Alternate Test located in the Teacher Handbook. The final test grade may be the grade on the Alternate Test or an average of the grades from the original LIFEPAC test and the Alternate Test.

*SQ3R: Scan the whole LIFEPAC,
Question yourself on the objectives,
Read the whole LIFEPAC again,
Recite through an oral examination, and
Review weak areas.

GOAL SETTING and SCHEDULES

Basically, two factors need to be considered when assigning work to a student in the LIFEPAC curriculum.

The first factor is time. An average of 45 minutes should be devoted to each subject, each day. Remember, this is only an average. Because of extenuating circumstances a student may spend only 15 minutes on a subject one day and the next day spend 90 minutes on the same subject.

The second factor is the number of pages to be worked in each subject. A single LIFEPAC is designed to take 3 to 4 weeks to complete. Allowing about 3-4 days for LIFEPAC introduction, review, and tests, the student has approximately 15 days to complete the LIFEPAC pages. Simply take the number of pages in the LIFEPAC, divide it by 15 and you will have the number of pages that must be completed on a daily basis to keep the student on schedule. For example, a LIFEPAC containing 45 pages will require 3 completed pages per day. Again, this is only an average. While working a 45 page LIFEPAC, the student may complete only 1 page the first day if the text has a lot of activities or reports, but go on to complete 5 pages the next day.

FORMS

The sample weekly lesson plan and student grading sheet forms are included in this section as teacher support materials and may be duplicated at the convenience of the teacher.

The student grading sheet is provided for those who desire to follow the suggested guidelines for assignment of letter grades found on page LM-5 of this section. The student's self test scores should be posted as percentage grades. When the LIFEPAC is completed the teacher should average the self test grades, multiply the average by .25 and post the points in the box marked self test points. The LIFEPAC percentage grade should be multiplied by .60 and posted. Next, the teacher should award and post points for written reports and oral work. A report may be any type of written work assigned to the student whether it is a LIFEPAC or additional learning activity. Oral work includes the student's ability to respond orally to questions which may or may not be related to LIFEPAC activities or any type of oral report assigned by the teacher. The points may then be totaled and a final grade entered along with the date that the LIFEPAC was completed.

The Student Record Book which was specifically designed for use with the Alpha Omega curriculum provides space to record weekly progress for one student over a nine-week period as well as a place to post self test and LIFEPAC scores. The Student Record Books are available through the current Alpha Omega catalog; however, unlike the enclosed forms these books are not for duplication and should be purchased in sets of four to cover a full academic year.

WEEKLY LESSON PLANNER

Week of:

	Subject	Subject	Subject	Subject
Monday				
	Subject	Subject	Subject	Subject
Tuesday				
	Subject	Subject	Subject	Subject
Wednesday				
	Subject	Subject	Subject	Subject
Thursday				
	Subject	Subject	Subject	Subject
Friday				

WEEKLY LESSON PLANNER

Week of:

	Subject	Subject	Subject	Subject
Monday				
	Subject	Subject	Subject	Subject
Tuesday				
	Subject	Subject	Subject	Subject
Wednesday				
	Subject	Subject	Subject	Subject
Thursday				
	Subject	Subject	Subject	Subject
Friday				

11

Student Name _____   Year _____

LP #	Self Test Scores by Sections 1	2	3	4	5	Self Test Points	LIFEPAC Test	Oral Points	Report Points	Final Grade	Date
01											
02											
03											
04											
05											
06											
07											
08											
09											
10											

LP #	Self Test Scores by Sections 1	2	3	4	5	Self Test Points	LIFEPAC Test	Oral Points	Report Points	Final Grade	Date
01											
02											
03											
04											
05											
06											
07											
08											
09											
10											

LP #	Self Test Scores by Sections 1	2	3	4	5	Self Test Points.	LIFEPAC Test	Oral Points	Report Points	Final Grade	Date
01											
02											
03											
04											
05											
06											
07											
08											
09											
10											

QUESTIONS & ANSWERS ABOUT
HOW TO USE THE LIFEPAC SPANISH TAPES

What is contained in the tapes? Why do I need them?

There is more to learning Spanish than merely recognizing the written language. Students must learn to *speak* it correctly as well. The Spanish tapes are an integral part of the curriculum and provide an invaluable pronunciation guide for:

- the Spanish alphabet
- conversations in Spanish
- vocabulary lists featured in each of the LIFEPACs
- verb conjugations
- commonly-used phrases and expressions
- and much more!

The tapes are also necessary for the completion of some of the comprehension activities and quizzes where a question is asked in Spanish and the student must write the correct answer.

How do I use the tapes on conjunction with the LIFEPACs?

First, look through the tape script carefully and compare it to the LIFEPACs. The tapes are divided into the same sections as the LIFEPACs and follow the exercises in each unit. All conversations in a given unit are recorded for students to listen to and repeat. Vocabulary lists and verb conjugations are also recorded for the students to listen to and repeat. This aids in memorization and correct pronunciation. Finally, the vocabulary list at the back of each LIFEPAC is also recorded (without the English translations) so that teachers can use these lists as a tool for quizzing and/or review.

There are several listening activities that require the student to hear a paragraph recorded in Spanish and then answer questions. These paragraphs are given twice but may be repeated as many times as necessary for the student to answer the comprehension questions. Some section exercises and a few LIFEPAC tests also require the tapes for completion. The exercise numbers are clearly identified on the tape, as are the LIFEPAC test question numbers.

Finally, the tapes are excellent review tools.

What if certain parts of the tape differ from the LIFEPAC?

The tapes were produced after the LIFEPACs were printed and may have corrections that are not included in the initial printing of the LIFEPACs. These corrections (mostly to conversations) will be included in subsequent printings of the LIFEPACs. If you wish to make corrections to the LIFEPAC, simply refer to the tape script for that unit.

LIFEPAC ONE
SECTION II. THE SPANISH ALPHABET

Listen to the letter sounds and imitate the speaker. We will repeat the alphabet, then the examples.

Letter	Example
a	casa, palabra
b	biblia, banco
c	campo, cama
	ciencia, centro
(ch)	ocho, churro
d	dedo, día
e	serie, mes
f	fecha, falta
g	grande, ganar
	gente, gimnasio
h	hay, ahora
i	fin, inglés
j	joven, jardín
k	kilo (not common)
l	libro, linda
(ll)	llamo, ella
m	mapa, amor
n	nada, nombre
(ñ)	año, niño
o	océano, otoño
p	papá, propina
q	quince, que
r	árbol, barato
(rr)	tierra, perro
s	son, dos
t	tanto, otro
u	uva, mucha
v	vaca, ave
[w]	
x	exceso, experto
	éxito, examen
y	yo, ya
	y
z	zapato, lápiz

Repeat the vowel sounds one more time. In Spanish the vowels have only one distinct sound:

"a" is **a** as in **father**

"e" sounds like the letter **e** in English **egg**

"i" sounds like the letter **e** in **English**

"o" is an abrupt **o**

"u" is the **oo** in English **booth**

Spanish people have some names that are similar to English and others that are very different. Listen to this list of Spanish first names:

CHICAS (Girls)			CHICOS (Boys)		
Alicia	Esperanza	Pilar	Alberto	Felipe	Pedro
Amalia	Eva	Raquel	Alejandro	Fernando	Ramón
Ana	Francisca	Rosalía	Alfonso	Gerardo	Raúl
Andrea	Gabriela	Rosario	Alfredo	Gregorio	Ricardo
Bárbara	Gloria	Silvia	Andrés	Guillermo	Roberto
Beatriz	Graciela	Susana	Antonio	Hugo	Simón
Caridad	Inés	Teresa	Arturo	Javier	Teodoro
Carolina	Isabel	Verónica	Bernardo	Joaquín	Tomás
Carlota	Lucía	Victoria	Camilo	Jorge	Vicente
Catalina	Luisa	Virginia	Carlos	José	Victor
Cecilia	Manuela	Yolanda	Cristóbal	Juan	
Cristina	Margarita		Daniel	Luis	
Daniela	María		David	Marcos	
Diana	Mariana		Edmundo	Mario	
Dorotea	Marta		Eduardo	Miguel	
Elena	Micaela		Ernesto	Nicolás	
Elisa	Mónica		Esteban	Pablo	

2.4 Listening activity: Listen and try to write the words you hear. Be sure to "hear" the Spanish sounds and not the English sounds.

a. mucho

b. perro

c. verdad

d. animal

e. leche

f. esquiar

g. calle

h. anteojos

i. garaje

j. divertido

SECTION III. SYLLABIFICATION AND ACCENTUATION

3.2 Listening activity: Listen and try to write the words you hear, paying close attention to whether you need to add a written accent mark.

a. fácil

b. simpático

c. correo

d. tarjeta

e. éxito

f. pianista

g. matemáticas

h. química

i. setenta

j. próximo

SECTION IV. HELPFUL PHRASES

The following are some basic directions in Spanish. Study them so that when your teacher says them, you will understand what you are to do. I will say them complete once, then break them into parts if necessary.

Listen and repeat.

1. Abran sus libros a la página _____ por favor.
2. Escuchen, por favor.
3. Repitan, por favor.
4. Cierren sus libros, por favor.
5. Levanten la mano, por favor.
6. Escriban su nombre.
7. Saquen un lápiz, un papel, una pluma.
8. Vayan a la pizarra.
9. ¿Entienden?
10. Levántense.
11. Siéntense.
12. Saquen la tarea.
13. Contesten.
14. Digan.
15. Miren.

Some basic student responses to the above statements are:

1. Sí, señor; Sí, señora; Sí, señorita.
2. No, señora.
3. No sé.
4. Repita, por favor.
5. ¿Cómo se dice en español (inglés)?
6. ¿Qué quiere decir _____?

7. No entiendo.
8. Explique, por favor.
9. Gracias. De nada.
10. ¿Cómo?

SECTION V. THE SPANISH "YOU"

In English we have one word "you" that can be used to address one person or more than one person. In Spanish there are four ways to say "you:"

tú   usted   vosotros   ustedes

Common forms of address for adults around are:

señor   señora   señorita

SECTION VI. BASIC GREETINGS

Listen and repeat the conversation between two friends:

Arturo: ¡Hola, Miguel! ¿Cómo estás?
Miguel: Muy bien, gracias. ¿Y tú?
Arturo: Regular.

Here are some other common responses – listen and repeat:

Así, así
Estoy enfermo (or enferma)
Bien.
Mal.
No me siento bien.
¡Fantástico!

Now listen and repeat the conversation between Mr. Chavez and Mr. Sanchez:

Sr. Chavez: ¡Hola, Señor Sanchez! ¿Cómo está usted?
Sr. Sanchez: Bien, gracias. ¿Y usted?
Sr. Chavez: Así, así.

Here are some other greetings for you to listen to and repeat:

Bienvenidos
Buenos días
Buenas tardes
Buenas noches
Adiós
Chao
Hasta la vista

Hasta luego

Hasta mañana

¿Qué tal?

¿Qué hay de nuevo?

Nada de particular.

¿Cómo te llamas?

¿Cómo se llama?

Me llamo _____.

6.1 Listen and repeat this conversation:

Luisa:	¡Hola!
Ana.	¡Buenas tardes! ¿Cómo te llamas?
Luisa	Me llamo Luisa. ¿Y tú?
Ana:	Me llamo Ana. ¿Cómo estás?
Luisa.	Muy bien gracias. ¿Y tú?
Ana.	Regular. Adiós.
Luisa:	Hasta la vista.

SECTION VII. CONVERSATION IN SPANISH

Listen and repeat this conversation:

Paco:	¡Hola, Luis! ¡Hola, Teresa! ¿Cómo están ustedes?
Luis:	Bien, gracias.
Teresa:	Muy bien, ¿Y tú?
Paco:	Regular.

SECTION VIII. SPANISH-SPEAKING COUNTRIES

Listen and repeat this conversation between Pilar, Rafaela, and new student, Linda:

Pilar:	¡Hola, Rafaela! Quiero presentarte a mi amiga, Linda.
Rafaela:	Mucho gusto. ¿De dónde eres?
Linda:	Soy de Madrid, España.
Rafaela:	Ah sí, soy de Barcelona.
Pilar:	Vamos a la clase.

Listen and repeat this conversation:

Sr. Garcia:	¡Buenos días, Señor Chavez! Quiero presentarle a Señor Cervantes.
Sr. Chavez:	Mucho gusto.
Sr. Cervantes:	El gusto es mío.
Sr. Chavez:	¿De dónde es usted?

Sr. Cervantes: Soy de Buenos Aires, Argentina. ¿Y usted?

Sr. Chavez:　　Soy de Santiago, Chile. Y Señor Garcia, ¿de dónde es usted?

Sr. Garcia:　　Soy de La Paz, Bolivia.

LIFEPAC 1: VOCABULARY LIST

Helpful phrases:

Abran sus libros a la página _____

Cierren sus libros

¿Cómo?

¿Cómo se dice en español (inglés?

Contesten

Digan

¿Entienden?

Escriban su nombre

Escuchen

Explique

Gracias

Levanten la mano

Levántense

Miren

No

No entiendo

No sé

¿Qué quiere decir _____ ?

Por favor

Repitan

Saquen un lápiz, un papel, una pluma

Saquen la tarea

Señor, señora, señorita

Sí

Siéntense

Vayan a la pizarra

Basic greetings:

Adiós

Bienvenidos

Buenos días

Buenas noches

Buenas tardes

Chao

Hasta la vista

Hasta luego

Hasta mañana

¿Cómo estás? ¿Cómo esta usted?

¿Cómo te llamas? ¿Cómo se llama usted?

¿De dónde eres? De dónde es usted?

Hola

¿Qué hay de nuevo?

¿Qué tal?

¿Y tú? ¿Y usted?

Basic responses:

así, así

bien

el gusto es mío

estoy enfermo or enferma

fantástico

mal

me llamo

mucho gusto

muy bien

nada en particular

No me siento bien

Quiero presentar

Soy de _____

20

LIFEPAC TWO
SECTION I. CLASSROOM OBJECTS

Listen and repeat these classroom objects:

la bandera	el mapa
el bolígrafo	la mesa
el borrador	la mochila
el cartel	el papel
la cinta	la pluma
la computadora	el profesor
el cuaderno	la profesora
el diccionario	la pizarra
el escritorio	la pupitre
el estudiante	la regla
la estudiante	el sacapuntas
la goma	la silla
el lápiz	la tiza
el libro	

Listen and repeat the following numbers:

uno	seis
dos	siete
tres	ocho
cuatro	nueve
cinco	diez

SECTION II. EN LA CLASE DE ESPAÑOL

Listen and repeat this conversation:

Alicia:	¡Hola, Daniel! ¿Cómo estás?
Daniel:	Bien, gracias. ¿Y tú?
Alicia:	Así, así. ¿Estudias para el examen de español?
Daniel:	Sí. Siempre estudio mucho. Necesito una buena nota.
Alicia:	Yo también. ¿Deseas practicar conmigo?
Daniel:	¡Claro! Vamos a estudiar juntos.

SECTION III. SUBJECT PRONOUNS

Listen and repeat these subject pronouns:

yo	nosotros
tú	vosotros
él	ellos
ella	ellas
usted	ustedes

SECTION IV. VERB CONJUGATION

Listen and repeat the conjugation of the verb hablar (to speak):

yo	hablo	*nosotros*	hablamos
tú	hablas	*vosotros*	habláis (used in Spain only.)
él	habla	*ellos*	hablan
ella	habla	*ellas*	hablan
usted	habla	*ustedes*	hablan

Listen and repeat these common -ar verbs:

ayudar	llevar
bajar	necesitar
caminar	pagar
cantar	pasar
comprar	preguntar
contestar	preparar
cortar	regresar
desear	sacar (fotos)
enseñar	terminar
entrar	tomar
escuchar	trabajar
estudiar	viajar
explicar	visitar

SECTION V. BASIC SENTENCE STRUCTURE

Listen and repeat this conversation:

Alicia:	Daniel, yo necesito un lápiz. Yo contesto las preguntas de matemáticas.
Daniel:	Llevo dos lápices. Tú tomas uno.
Alicia:	Gracias. ¿Estudias tú la historia?
Daniel:	No, yo no estudio la historia. Yo miro la lección de inglés.
Alicia:	Yo termino las matemáticas y entonces, yo preparo la lección de química.

SECTION VI. SPEAKING, WRITING, AND READING PRACTICE

If the letter r begins a word or is doubled, then it has a "trill" to it. Practice the trilled r by listening to and repeating these words:

Raquel	carro	aburrido
Rosalia	perro	gorra
Ramón	corre	ropa

After the consonants l, n or s the single r is also trilled. Listen and repeat these words:

honra	Israel	alrededor

Listen and repeat these words:

caro	carro
pero	perro

6.2 Listen to these four words and write which one you hear.

a. carro   b. pero   c. perro   d. caro

6.3 Listen to these words. Next to the letter write "1" if you hear one r or "2" if you hear the trilled r. (You may wish to write the word you hear on the blank.)

a. primo	f. rico
b. tierra	g. coro
c. rollo	h. pizarra
d. naranja	i. perrito
e. secreto	j. puerta

6.4 Listen to each question, stop the tape and answer it.

a. ¿Pasas tú la clase de arte?

b. ¿Practica Luis la biblia?

c. ¿Cortan los niños el papel?

d. ¿Cantan Uds. la música?

e. ¿Desea Ud. enseñar inglés?

Listen and repeat these vocabulary words:

un párrafo	entonces
la palabra (pl. las palabras)	con interés
semejante	finalmente
de hoy	solamente
un minuto	

SECTION VIII. REVIEW EXERCISES

8.9 Listen and repeat this conversation:

Alicia:	¡Hola, Daniel! ¿Cómo estás?
Daniel:	¡Hola, Alicia! Muy bien, ¿y tú?
Alicia:	¡Fantástica! ¿Qué estudias?
Daniel:	Estudio la geografía de México.
Alicia:	Yo, también. Estudiamos juntos.
Daniel:	Está bien. ¿Cómo se llaman las montañas?
Alicia:	Sierra Madre, hay tres: Oriental, Occidental y del Sur.
Daniel:	Muy bien.

LIFEPAC 2: VOCABULARY LIST

Los verbos:

ayudar	llevar
bailar	mirar
bajar	montar
buscar	necesitar
caminar	pagar
cantar	pasar
comprar	practicar
contestar	preguntar
cortar	preparar
desear	regresar
enseñar	sacar (fotos)
entrar (en)	terminar
escuchar	tomar
estudiar	trabajar
explicar	viajar
hablar	usar
llegar	visitar

Other words:

hay

juntos

también

claro

mucho

la nota

vamos a

hay

Los sustantivos (nouns)

School subjects:

el arte

la biblia

la biología

las ciencias

la contabilidad

la educacion física

el español

la física

el francés

la geografía

la geometría

el grado

la historia

el inglés

la literatura

las matemáticas

la música

la nota

la programación de computadoras

la química

la religión

Classroom objects:

la bandera

el bolígrafo

el borrador

el cartel

la cinta

la computadora

el cuaderno

el diccionario

el escritorio

el estudiante

la estudiante

la goma

el lápiz

el libro

el mapa

la mesa

la mochila

el papel

la pluma

el profesor

la pizarra

la regla

el sacapuntas

la silla

la tiza

SPANISH 1: LIFEPAC TEST 2

1. Listen to each of the following questions, stop the tape, and respond appropriately in the affirmative.

    a. ¿Estudias tú el español?

    b. ¿Caminan Uds. a la escuela?

    c. ¿Desea Ud. entrar en la clase?

    d. ¿Practican los estudiantes el francés?

    e. ¿Necesitas tú el lápiz?

2. Listen to each of the following questions, stop the tape, and answer negatively.

    a. ¿Ayudas tú a la profesora?

    b. ¿Contestan los estudiantes las preguntas?

    c. ¿Cantan Uds. en español?

    d. ¿Saca Ud. fotos?

    e. ¿Explica la profesora las matemáticas?

LIFEPAC THREE
SECTION I. NOUNS

Listen and repeat these vocabulary words:

La casa:
la sala
la cocina
el comedor
la alcoba o el dormitorio
el patio
el sótano
el cuarto de baño
el garaje
la habitación
En la cocina:
la estufa
el refrigerador
la microonda
el fregadero
el lavaplatos
En el dormitorio:
la cama
la cómoda
el espejo
la mesa de noche
el armario/el ropero

En la sala:
el sofá
el sillón
la mesita
la lámpara
la alfombra
el televisor
el estante
En el comedor:
la mesa
la silla
En el cuarto de baño:
la bañera
el retrete
el lavabo
En el garaje:
el coche
las herramientas
la bicicleta

SECTION II. ARTICLES AND NUMBERS

Listen and repeat these definite and indefinite articles:

| el | la | los | las |
| un | una | unos | unas |

Listen and repeat the numbers 11–31:

once	diez y ocho	veinte y cinco
doce	diez y nueve	veinte y seis
trece	veinte	veinte y siete
catorce	veinte y uno	veinte y ocho
quince	veinte y dos	veinte y nueve
diez y seis	veinte y tres	treinta
diez y siete	veinte y cuatro	treinta y uno

SECTION III. FAMILY TREE, CONJUGATION OF *SER*, INTERROGATIVES

La familia – Listen and repeat:

el abuelo (the grandfather)

la abuela (the grandmother)

el padre (the father)

la madre (the mother)

el esposo (the husband)

la esposa (the wife)

el hijo (the son)

la hija (the daughter)

el hermano (the brother)

la hermana (the sister)

el tío (the uncle)

la tía (the aunt)

el primo (the male cousin)

la prima (the female cousin)

Listen and repeat the conjugation of the verb ser (to be):

yo	soy	*nosotros*	somos
tú	eres	*vosotros*	sois (Spain only)
él	es	*ellos*	son
ella	es	*ellas*	son
Ud.	es	*Uds.*	son

Listen and repeat these interrogatives:

¿De dónde eres?

¿Cómo es la fiesta?

¿Qué es esto?

¿Quién es el profesor de inglés?

¿Cuánto es el libro?

¿Por qué estas tarde?

¿Cuál es bueno?

¿Cuándo es el concierto?

¿Qué es la tarea?

Es el libro que compro.

¿Qué estudia Elena ahora?

¿Cuándo visitas a tu abuela?

¿Cómo explica la profesora la lección?

SECTION IV. MONTHS, SEASONS, DAYS OF THE WEEK, TIME

Los meses del año son – listen and repeat:

enero

febrero

marzo

abril

mayo

junio

julio

agosto

septiembre

octubre

noviembre

diciembre

Las estaciones del año son – listen and repeat:

el verano

el otoño

el invierno

la primavera

Los días de la semana son – listen and repeat:

lunes

martes

miércoles

jueves

viernes

sábado

domingo

Telling time – listen and repeat:

Es la una.

Son las dos.

Son las tres y cuarto.

Son las cinco y media.

Son las ocho menos cuarto.

Es el mediodía.

Es la medianoche.

Son las siete menos diez.

Son las once y veinte.

la medianoche

¿A qué hora ___ ?

a tiempo

en punto

de la madrugada

de la mañana

de la tarde

de la noche

SECTION V. CONJUGATION OF -*ER* AND -*IR* VERBS

Listen and repeat the conjugation of the verb comer (to eat):

yo	como	*nosotros*	comemos
tú	comes	*vosotros*	coméis
él	come	*ellos*	comen
ella	come	*ellas*	comen
Ud.	come	*Uds.*	comen

Listen and repeat the conjugation of the verb vivir (to live):

yo	vivo	*nosotros*	vivimos
tú	vives	*vosotros*	vivís
él	vive	*ellos*	viven
ella	vive	*ellas*	viven
Ud.	vive	*Uds.*	viven

Listen and repeat these -er verbs:

aprender	coser	prometer	vender
comprender	creer	responder	

29

Listen and repeat these -ir verbs:

asistir	describir	omitir	subir
cubrir	descubrir	recibir	

Listen and repeat this conversation:

Luisa:	Yo vivo en una casa nueva.
Ana:	¿Dónde vives?
Luisa:	Calle Colón, número 24.
Ana:	Es un barrio muy bonito.
Luisa:	Sí, hay un parque donde corro.
Ana:	¿Cuánta distancia cubres cuando corres?
Luisa:	Corro cinco millas.
Ana:	¿Cuándo partes usualmente?
Luisa:	Parto después de la escuela. ¿Corres?
Ana:	Sí, corro mucho.
Luisa:	¿Corres conmigo?
Ana:	Deseo correr contigo.
Luisa:	Bueno, mañana después de la escuela.

Listen and repeat these vocabulary words:

nueva	usualmente
un barrio	después de
bonito	conmigo / contigo
un parque	bueno
millas	Calle Colón

SECTION VI. CONVERSATION, PRONUNCIATION, AND COMPREHENSION

Listen and repeat:

yerba	llamo	llave
ya	calle	valle
yo	llego	millón

Listen and repeat:

año	mañana	baño	señor	niño
cabaña	cuñado	español	montaña	otoño

Listen to the the tape, then complete the statements below by putting the letter of the correct answer in the blank. You will hear the passage twice. Do not try to answer the questions while listening.

6.4 Hoy es lunes, el 12 de julio. No hay escuela hoy porque es verano. Hoy nadamos en casa de mi amiga, Luisa. Ella vive en la calle Primero, número quince. Su casa es muy grande. Muchos amigos nadan también.

6.5 Ana vive en una casa grande. Vive con su familia – su padre, su madre, dos hermanas, Pilar y Elisa, y dos hermanos, Ricardo y Luis. Hay cuatro dormitorios, una cocina, un comedor, dos salas y dos baños. Comen la cena en el comedor a las siete de la noche. Su padre trabaja hasta las seis. Sus abuelos visitan los domingos y algunas veces sus tíos también. Comen una cena grande. Hay una mesa y doce sillas. Entonces toda la familia come juntos.

6.6 a. ¿Quiénes asisten a la escuela?
b. ¿Dónde vives?
c. ¿Cuándo comen Uds.?
d. ¿Por qué asisten los estudiantes a las clases?
e. ¿A qué hora partes para el concierto?

LIFEPAC 3: VOCABULARY LIST

La casa – The house:

En la sala:
el sofá
el sillón
la mesita
la lámpara
la alfombra
el televisor
el estante

En la cocina:
la estufa
el refrigerador
la microonda
el fregadero
el lavaplatos

En el comedor:
la mesa
la silla

En el dormitorio :
la cama
la cómoda
el espejo
la mesa de noche
el armario/el ropero

Én el cuarto de baño:
la bañera
el retrete
el lavabo

En el garaje:
el coche
las herramientas
la bicicleta

31

Numbers 11–31:

once
doce
trece
catorce
quince
diez y seis (or dieciséis)
diez y siete (or diecisiete)
diez y ocho (or dieciocho)
diez y nueve (or diecinueve)
veinte
veinte y uno (or veintiuno)
veinte y dos (or veintidós)
veinte y tres (or veintitrés)
veinte y cuatro (or veinticuatro)
veinte y cinco (or veinticinco)
veinte y seis (or veintiséis)
veinte y siete (or veintisiete)
veinte y ocho (or veintiocho)
veinte y nueve (or veintinueve)
treinta
treinta y uno

Months of the Year:

enero
febrero
marzo
abril
mayo
junio
julio
agosto
septiembre
octubre
noviembre
diciembre

Seasons:

la primavera
el verano
el otoño
el invierno

Days of the Week:

lunes
martes
miércoles
jueves
viernes
sábado
domingo

The Family:

el abuelo
la abuela
el padre
la madre
el esposo
la esposa
el hijo
la hija
el hermano
la hermana
el tío
la tía
el primo
la prima

Interrogatives:

¿dónde?
¿cuál?
¿cuánto?
¿cuándo?
¿qué?
¿quién?
¿por qué?
¿cómo?

Time Vocabulary:

Es la
Son las
y
menos
cuarto
media
el mediodía
la medianoche
¿Qué hora es?
¿A qué hora___?
a tiempo
en punto
de la madrugada
de la mañana
de la tarde
de la noche

Verbs:

abrir
aprender
asistir
beber
comer
comprender
correr
coser
creer
cubrir
describir
descubrir
dividir
escribir
leer
omitir
partir
prometer
recibir
responder
romper
subir
vender
vivir

LIFEPAC FOUR
SECTION I. CONVERSATION: LA FIESTA

Listen and repeat this conversation:

Luis:	¡Hola, Miguel! ¿Qué tal?
Miguel	¡Hola, Luis! Nada.
Luis:	Voy a la fiesta de Ana. ¿Vas también?
Miguel	Sí, voy. ¿Qué vas a llevar allí?
Luis	Voy a llevar las enchiladas que mi mama prepara.
Miguel	¡Qué bueno! Tu madre prepara las enchiladas deliciosas. Voy a llevar un pastel del supermercado.
Luis	Chocolate, espero.
Miguel	¡Por supuesto! ¿A qué hora vas a la fiesta?
Luis	Voy a las siete. ¿Deseas ir conmigo?
Miguel	¡Buena idea! Vamos juntos.

Listen and repeat the conjugation of the verb ir (to go):

yo	voy	*nosotros*	vamos
tú	vas	*vosotros*	vais
él	va	*ellos*	van
ella	va	*ellas*	van
Ud.	va	Uds.	van

Listen and repeat the following city vocabulary words:

El centro (downtown)

El supermercado (the supermarket)

El banco (the bank)

El café (the cafe)

El restaurante (the restaurant)

El hotel (the hotel)

La iglesia (the church)

El cine (the movie theater)

El teatro (the drama theater)

El museo (the museum)

La oficina (the office)

El estadio (the stadium)

El hospital (the hospital)

El correo (the post office)

La biblioteca(the library)

El parque (the park)

La plaza (the center of town)

La escuela (the school)

El aeropuerto (the airport)

La playa (the beach)

El terminal (the terminal)

El ayuntamiento (city hall)

SECTION II. VOCABULARY: OCCUPATIONS, NUMBERS 30–100

Las profesiones – listen and repeat:

el abogado, la abogada

el actor, la actriz

el arquitecto, la arquitecta

el hombre de negocios

la mujer de negocios

el enfermero, la enfermera

el ingeniero, la ingeniera

el jefe, la jefa

el profesor, la profesora

el médico, la médica

el piloto, la pilota

el policía, la mujer policía

el programador de computadoras

la programadora de computadoras

el secretario, la secretaria

el farmacéutico, la famacéutica

el veterinario, la veterinaria

el escritor, la escritora

el historiador, la historiadora

el músico, la música

el fotógrafo, la fotógrafa

el/la dentista

el/la pianista

el/la periodista

el/la artista

el/la gerente

el/la comerciante

Listen and repeat this conversation:

Juan:	Mi padre es abogado.
Luis:	Ah, sí, ¿Dónde trabaja?
Juan:	Trabaja en una oficina en el centro.
Luis:	Mi padre es médico.
Juan:	¿Trabaja en el hospital?
Luis:	Sí, y en una oficina también.
Juan:	Deseo ser farmacéutico. Voy a trabajar en la farmacia.
Luis:	Deseo ser historiador y trabajar en el museo.

Listen and repeat these numbers:

treinta

treinta y uno

cuarenta

cuarenta y dos

cincuenta

cincuenta y tres

sesenta

sesenta y cuatro

setenta

setenta y cinco

ochenta

ochenta y seis

noventa

noventa y siete

cien

SECTION III. ADJECTIVES

Listen and repeat these adjectives that end in -o:

alto	bonito
bajo	guapo
bueno	feo
malo	divertido
simpático	aburrido
antipático	nuevo
moreno	viejo
rubio	famoso
delicioso	perezoso
rico	rojo
amarillo	negro
pardo	morado
anaranjado	blanco

Listen and repeat these sample sentences:

El libro es nuevo.
La familia simpática viaja a España.
Los hombres antipáticos parten.
Las mujeres morenas corren.
La clase es divertida.
Las mochilas son nuevas.

Listen and repeat these adjectives that do not end in -o:

agradable	joven
emocionante	difícil
excelente	fácil
formidable	responsable
importante	impaciente
independiente	paciente
inteligente	grande
interesante	enorme
elegante	fuerte
pobre	azul
gris	feliz
diferente	

Listen and repeat these adjectives of nationality and others that have three forms:

inglés	escandinavo
francés	burlón
alemán	charlatán
portugués	chiquitín
japonés	encantador
americano	hablador
italiano	preguntón
peruano	trabajador
suizo	

Listen and repeat these adjectives of quantity:

un/una	pocos/pocas
mucho/mucha	todos los/todas las
poco/poca	varios/varias
cada	algunos/algunas
todo el/toda la	unos/unas
muchos/muchas	

Listen and repeat this conversation:

Ana:	¿Cómo es tu padre, Elisa?
Elisa:	Es alto, moreno y delgado.
Ana:	¿Cuál es su profesión?
Elisa	Es abogado bueno. ¿Y tu padre? ¿Cómo es?
Ana:	Es alto, rubio, y un poco gordo.
Elisa:	¿Y su profesión?
Ana:	Es arquitecto formidable en el centro.

SECTION IV. VERB CONJUGATION: ESTAR

Listen and repeat the conjugation of the verb estar (to be):

yo	estoy	*nosotros*	estamos
tú	estás	*vosotros*	estáis (Spain only)
él	está	*ellos*	están
ella	está	*ellas*	están
Ud.	está	*Uds.*	están

Listen and repeat these common adjectives of health and emotions:

contento	triste
encantado	alegre
cansado	asustado
emocionado	espantado
celoso	repugnado
enfermo	preocupado
frustrado	desilusionado
sorprendido	deprimido
enojado	nervioso
tímido	soñoliento

Estar is also used to express the location of items. Listen and repeat these common prepositions which tell location:

a	de
en	por
cerca de	detrás de
lejos de	entre
al lado de	encima de
frente a	debajo de
enfrente de	dentro de
sobre	delante de
entre	a través de

Listen and repeat this conversation:

Ana:	¿Cómo estás?
Pilar:	Estoy triste.
Ana:	¿Por qué estás triste?
Pilar:	Voy al médico.
Ana	¿Estás enferma?
Pilar	Sí. ¿Dónde está la oficina del médico?
Ana:	Está cerca de la biblioteca. Voy a la biblioteca. Caminamos juntos.
Pilar:	Gracias.

SECTION V. STATE OF BEING VERBS

Listen and repeat this conversation:

Timo:	¡Hola, Daniel! ¿Cómo estás?
Daniel:	Estoy bien. ¿Y tú?
Timo:	Fantástico.

Daniel	Eres siempre feliz.
Timo:	Estoy contento ahora porque voy al cine con Isabel.
Daniel	¿Isabel? Es una chica bonita y simpática.
Timo	Eres muy inteligente, amigo.
Daniel:	¿Dónde está la película?
Timo	En el cine Colón.
Daniel	¿A qué hora es la película?
Timo	Es a las siete y media.
Daniel	Alicia y yo vamos a las siete y media también.
Timo	Vamos juntos.

SECTION VI. NEGATIVE WORDS

Listen and repeat this conversation:

Paco no está contento ahora y su amigo Luis desea ayudar a Paco.

Luis:	¿Deseas ir al cine esta noche, Paco?
Paco:	No, no hay ninguna película que deseo ver.
Luis:	¿Deseas visitar a un amigo?
Paco:	No, no hay nadie que deseo visitar.
Luis:	¿Deseas comer en un café?
Paco:	No, no como nunca en un café.
Luis:	¿Qué deseas?
Paco:	No deseo nada. Voy a casa.

Listen and repeat:

Common negative words:	**Common positive words:**
no	sí
nada	algo
nadie	alguien
nunca	siempre
ninguno	alguno

Let's repeat again, this time saying the negative word and its opposite positive word.

no – sí

nada – algo

nadie – alguien

nunca – siempre

ninguno – alguno

39

SECTION VII. SPEAKING, WRITING, AND READING PRACTICE

Listen and repeat the first sound, soft b:

> la bolsa
>
> probablemente
>
> la verdad
>
> algunas veces
>
> caballo
>
> vaca

Listen and repeat the second sound, similar to the b in bat:

> bueno
>
> venir
>
> conversación
>
> embajada
>
> enviar
>
> barco

Let's listen:

Listen to the following series of paragraphs and then answer the questions after each paragraph. Each paragraph will be read twice.

7.3 Mariana nunca va al estadio. No desea ver los deportes como fútbol o beísbol. Desea ir al teatro. Las comedias músicales son muy divertidas. También asiste a los conciertos de todos tipos de música. El tres de noviembre va al concierto de Luis Miguel. Es excelente.

7.4 Mi profesor de matemáticas se llama el Sr. Chavez. Es alto y muy guapo. Enseña mucho en las clases. Algunas veces sus lecciones son muy difíciles. Pero él trabaja con los estudiantes así que ellos comprenden toda la lección. Es el profesor favorito de muchos estudiantes.

7.5 Mi pueblo no es muy grande. Hay una iglesia vieja. Hay tres tiendas pequeñas. El correo está al lado del restaurante italiano. La biblioteca está detrás del supermercado. Y hay solamente un supermercado y dos pequeños mercados. Cerca de la escuela hay un estadio bastante grande. Hay muchos partidos de fútbol allí. Hay una plaza donde muchas personas caminan o descansan. Mi pueblo es pequeño y bonito. Hay muchas personas simpáticas en mi pueblo.

LIFEPAC 4: VOCABULARY LIST

El Pueblo:

El centro

El supermercado

El banco

El café

El restaurante

El hotel

La iglesia

El cine

El teatro

El museo

La oficina

El estadio

El hospital

El correo

La biblioteca

El parque

La plaza

La escuela

El aeropuerto

La playa

El terminal

El ayuntamiento

Las professiones:

el abogado, la abogada

el actor, la actriz

el arquitecto, la arquitecta

el hombre (la mujer) de negocios

el enfermero, la enfermera

el ingeniero, la ingeniera

el jefe, la jefa

el profesor, la profesora

el médico, la médica

el piloto, la pilota

el policía, la mujer policía

el programador de computadoras

la programadora de computadoras

el secretario, la secretaria

el farmacéutico, la famacéutica

el veterinario, la veterinaria

el escritor, la escritora

el historiador, la historiadora

el músico, la música

el fotógrafo, la fotógrafa

el/la dentista

el/la pianista

el/la periodista

el/la artista

el/la gerente

el/la comerciante

Adjectives:

contento/a

encantado/a

cansado/a

emocionado/a

celoso/a

enfermo/a

frustrado/a

sorprendido/a

enojado/a

tímido/a

abierto/a

ausente

caliente

cerrado/a

frío/a

limpio/a · · · · · · · · · · · · · · · de
triste · · · · · · · · · · · · · · · · · por
alegre · · · · · · · · · · · · · · · · detrás de
asustado/a · · · · · · · · · · · · · entre
espantado/a · · · · · · · · · · · · encima de
repugnado/a · · · · · · · · · · · · debajo de
preocupado/a · · · · · · · · · · · dentro de
desilusionado/a · · · · · · · · · · delante de
deprimido/a · · · · · · · · · · · · a través de
nervioso/a
soñoliento/a
lleno/a
ocupado/a
sentado/a
sucio/a
vacío/a

Prepositions:

a
en
cerca de
lejos de
al lado de
frente a
enfrente de
sobre
entre

LIFEPAC FIVE
SECTION I. VOCABULARY: BODY, CLOTHING, COLORS, VERB GUSTAR

Listen and repeat this conversation:

Ana:	Voy de compras hoy. ¿Te gustaría ir también?
Teresa:	Sí, por supuesto. Me gusta mucho ir de compras.
Ana:	Necesito un nuevo par de zapatos negros.
Teresa:	Hay una gran seleccíon en la zapatería.
Ana:	Fantástico. Me gustaría mirar los pantelones y las camisas.
Teresa:	Está bien. Necesito una chaqueta para la primavera.
Ana:	¿Qué color te gusta?
Teresa:	Me gustan azul y verde.
Ana:	¿A qué hora te gustaría salir?
Teresa:	Vamos a salir a eso de la una.
Ana:	Sí. Y no vamos a olividar ir a la pastelería para algo delicioso.
Teresa:	¡Eso es muy importante!

Listen and repeat these vocabulary words:

el abrigo	el impermeable
los anteojos (de sol)	las medias
la blusa	los pantalones
las botas	los pantalones cortos
los blue-jeans	las sandalias
los calcetínes	el sombrero
la camisa	el suéter
la camiseta	el traje
la corbata	el traje de baño
la chaqueta	el vestido*
la falda	los zapatos*
la gorra	los zapatos de tenis*
los guantes	

*[Note to Instructor: These vocabulary words are missing from LIFEPAC page 3 but are shown in the vocabulary list on page 63.]

43

Listen and repeat these colors:

amarillo	rojo
azul	verde
blanco	castaño
gris	rosado
negro	púrpura

Listen and repeat this conjugation of the verb llevar (to wear or carry):

yo	llevo	*nts.*	llevamos
tú	llevas	*vts.*	lleváis
él	lleva	*ellos*	llevan
ella	lleva	*ellas*	llevan
Ud.	lleva	*Uds.*	llevan

Listen and repeat this conversation:

Alicia:	¿Te gustaría ir de compras?
Pilar:	Por supuesto.
Alicia:	Me gusta mirar los pantalones cortos.
Pilar:	Busco unos anteojos de sol porque vamos a la playa.
Alicia:	¡Qué bueno! ¿Necesitas un traje de baño nuevo?
Pilar:	No, pero necesito sandalias.
Alicia:	Yo también. Me gustan las sandalias castañas en la zapatería.
Pilar:	¿Hay sandalias negras también?
Alicia:	Hay muchos colores.
Pilar:	Vamos.

SECTION II. POSSESSIVE ADJECTIVES, IRREGULAR VERBS

Listen and repeat this conversation:

Jorge:	Necesito mi mochila. No sé donde está.
Mario:	Tu mochila está detrás de la silla.
Jorge:	Gracias. Ahora, ¿dónde están mis bolígrafos?
Mario:	Tus bolígrafos están sobre la mesa.
Jorge:	Busco los libros de Raúl.
Mario:	Sus libros están encima de la cama.
Jorge:	Nuestra clase es en media hora. Vamos.

Listen and repeat these possessive adjectives:

mi, mis	nuestro, nuestra, nuestros, nuestras
tu, tus	vuestro, vuestra, vuestros, vuestras
su, sus	su, sus
su, sus	su, sus
su, sus	su, sus

Listen and repeat this conjugation of the irregular verb hacer (to make or do):

yo	hago	*nts.*	hacemos
tú	haces	*vts.*	hacéis
él	hace	*ellos*	hacen
ella	hace	*ellas*	hacen
Ud.	hace	*Uds.*	hacen

Sample sentences: Paco hace las lecciones.

Nts. hacemos la comida.

Listen and repeat the conjugation of the irregular verb traer (to bring):

yo	traigo	*nts.*	traemos
tú	traes	*vts.*	traéis
él	trae	*ellos*	traen
ella	trae	*ellas*	traen
Ud.	trae	*Uds.*	traen

Yo traigo las botas.

Uds. traen los guantes.

Listen and repeat the conjugation of the irregular verb caer (to fall):

yo	caigo	*nts.*	caemos
tú	caes	*vts.*	caéis
él	cae	*ellos*	caen
ella	cae	*ellas*	caen
Ud.	cae	*Uds.*	caen

Los papeles caen.

El niño cae.

Yo caigo en la casa.

Listen and repeat the conjugation of the irregular verb salir (to leave, to go out):

yo	salgo	*nts.*	salimos
tú	sales	*vts.*	salís
él	sale	*ellos*	salen
ella	sale	*ellas*	salen
Ud.	sale	*Uds.*	salen

Sample sentences:

Tú sales con Luis.

Yo salgo a las dos.

Listen and repeat the conjugation of the irregular verb poner (to put):

yo	pongo	*nts.*	ponemos
tú	pones	*vts.*	ponéis
él	pone	*ellos*	ponen
ella	pone	*ellas*	ponen
Ud.	pone	*Uds.*	ponen

Sample sentences:

Yo pongo los anteojos sobre la mesa.

Nts. ponemos el coche en el garaje.

SECTION III. STEM-CHANGING VERBS: *E* TO *IE*, IRREGULAR VERBS

Listen and repeat this conversation:

Susana and Elisa are deciding what they want to do.

Susana:	Hola, Elisa. ¿Cómo estás?
Elisa:	Estoy bien. ¿Y tú?
Susana:	Estoy aburrida. ¿Quieres hacer algo?
Elisa:	Sí. ¿Quieres ir al cine?
Susana:	Buena idea. ¿Qué prefieres ver, una comedia, un horror o un drama?
Elisa:	Prefiero una comedia.
Susana:	Hay una en el Cinema Colón.
Elisa:	Está bien. ¿A qué hora comienza?
Susana:	Comienza a las dos y media.
Elisa:	¿A qué hora piensas que necesitamos salir?
Susana:	A la una. Prefiero llegar temprano.
Elisa:	Está bien.

Listen and repeat the conjugation of the stem-changing verb pensar (to think):

yo	pienso	*nts.*	pensamos
tú	piensas	*vts.*	pensáis
él	piensa	*ellos*	piensan
ella	piensa	*ellas*	piensan
Ud.	piensa	*Uds.*	piensan

Listen and repeat the conjugation of the stem-changing verb cerrar (to close):

yo	cierro	*nts.*	cerramos
tú	cierras	*vts.*	cerráis
él	cierra	*ellos*	cierran
ella	cierra	*ellas*	cierran
Ud.	cierra	*Uds.*	cierran

Listen and repeat some common stem-change verbs of this type:

cerrar	pensar
comenzar	perder
confesar	preferir
defender	querer
empezar	referir
entender	sentir
gobernar	

Listen and repeat the conjugation of the go/shoe verb tener (to have):

yo	tengo	*nts.*	tenemos
tú	tienes	*vts.*	tenéis
él	tiene	*ellos*	tienen
ella	tiene	*ellas*	tienen
Ud.	tiene	*Uds.*	tienen

Listen and repeat the conjugation of the go/shoe verb venir (to come):

yo	vengo	*nts.*	venimos
tú	vienes	*vts.*	venís
él	viene	*ellos*	vienen
ella	viene	*ellas*	vienen
Ud.	viene	*Uds.*	vienen

Listen and repeat the following tener idioms:

¿Cuántos años tienes?   tener sueño

tener frío   tener razón

tener calor   no tener razón

tener sed   tener éxito

tener hambre   tener que (+ infinitive)

SECTION IV. STEM-CHANGING VERBS: *O* TO *UE*

Listen and repeat this conversation:

Ricardo:	Hola, Timoteo. ¿Puedes jugar al fútbol con nosotros?
Timoteo:	Por supuesto. Juego muy bien.
Ricardo:	Vamos a almorzar ahora. Nos encontramos a la una.
Timoteo:	Está bien. Vuelvo aquí a la una.
Ricardo:	Muestro a todo el mundo las fotos del juego de Madrid Real.
Timoteo:	¡Qué magnífico! Recuerdo el juego pero no tengo fotos.
Ricardo:	¿Quieres copias?
Timoteo:	¿Cuánto cuestan las copias?
Ricardo:	No sé. Puedo investigar.
Timoteo:	Cuando sabes, puedes decirme.
Ricardo:	¡Buena idea! Hasta luego.
Timoteo:	Chao.

Listen and repeat the conjugation of the stem-changing verb volver (to return):

yo	vuelvo	*nts.*	volvemos
tú	vuelves	*vts.*	volvéis
él	vuelve	*ellos*	vuelven
ella	vuelve	*ellas*	vuelven
Ud.	vuelve	Uds.	vuelven

The following verbs follow this pattern – listen and repeat:

almorzar	mostrar
contar	mover
costar	poder
devolver	resolver
dormir	sonar
encontrar	soñar
jugar (u–ue)	volar
morir	volver

Sports vocabulary – listen and repeat:

el esquí	las carreras
el tenis	el equipo
la natación	el jugador
la gimnasia	la jugadora
el básquetbol	el partido
el béisbol	el atleta
el volibol	la atleta
el fútbol	el aficionado
el fútbol americano	la pista

SECTION V. STEM-CHANGING VERBS: *E* TO *I*

Listen and repeat this conversation:

Ana:	Hola Sara. ¿Qué haces?
Sara:	Escribo una carta a mi abuela. Pido una nueva blusa para mi cumpleaños.
Ana:	¡Qué bueno! ¿Qué color pides?
Sara:	Pido una blusa blanca que va con los pantalones negros.
Ana:	¿No tienes una blusa blanca?
Sara:	Sí, pero ahora sirve para limpiar el coche.
Ana:	¿Qué dices?
Sara:	Digo que la blusa blanca que tengo es muy vieja y sucia. Necesito una nueva.
Ana:	¿Sabe la abuela lo que te gusta?
Sara:	Sé que ella va a comprar una blusa bonita.
Ana:	¡Qué agradable! Mi abuela repite los regalos cada año – calcetines blancos.
Sara:	¿Pides algo diferente?
Ana:	¡Por supuesto! Pero ella no recuerda nada.

Listen and repeat the conjugation of the stem-changing verb pedir (to ask for):

yo	pido	*nts.*	pedimos
tú	pides	*vts.*	pedís
él	pide	*ellos*	piden
ella	pide	*ellas*	piden
Ud.	pide.	*Uds.*	piden

Listen and repeat the verbs that follow this pattern:

medir	repetir	servir

49

Listen and repeat the conjugation of the stem-changing verb decir (to say, to tell):

yo	digo	*nts.*	decimos
tú	dices	*vts.*	decís
él	dice	*ellos*	dicen
ella	dice	*ellas*	dicen
Ud.	dice	*Uds.*	dicen

Listen and repeat the conjugation of the stem-changing verb saber (to know a fact, how to do something):

yo	sé	*nts.*	sabemos
tú	sabes	*vts.*	sabéis
él	sabe	*ellos*	saben
ella	sabe	*ellas*	saben
Ud.	sabe	*Uds.*	saben

Sé la historia de Puerto Rico.

Sabemos esquiar muy bien.

José sabe la respuesta.

Listen and repeat the conjugation of the stem-changing verb conocer (to know a person, place, be acquainted with):

yo	conozco	*nts.*	conocemos
tú	conoces	*vts.*	conocéis
él	conoce	*ellos*	conocen
ella	conoce	*ellas*	conocen
Ud.	conoce	*Uds.*	conocen

Mario conoce a Luisa Gomez.

Los Ayala conocen Nueva York muy bien.

No conozco a la nueva estudiante.

SECTION VII. SPEAKING, WRITING AND READING PRACTICE

Listen and repeat the following words and phrases:

al	nivel	empleado	algo
las	cartel	leche	habla
natural	lío	vale	animal

Lara prefiere las sandalias y la falda.

La blusa azul va bien con los pantalones blancos.

Almuerzo con Luis en el Café Lazano.

50

Listen and repeat the following words and phrases:

sentir	pensar	bueno	entrar
sonar	tengo	cuando	razón
nuestro	vienes	guantes	contar

Tenemos que poner los pantalones en el armario.

Conocemos a Daniel y a Inez.

Encuentras los anteojos en la cocina.

Let's listen:

Listen to the following passages and then answer the questions. The passages will be read twice.

7.10   Yo no sé que hacer. El cumpleaños de mi hermano es mañana. No puedo encontrar un regalo para él. Quiere una nueva gorra de béisbol. Vuelvo a la tienda esta tarde para encontrar la gorra de los Piratas. Pongo la gorra en una bolsa grande con muchos calcetines blancos. Entonces, no puede decidir qué es.

7.11.   Paco duerme muchas horas. Es porque tiene que trabajar mucho. Sirve mucha comida a las personas que vienen al restaurante de su padre. Tiene que llevar una camisa y una corbata cuando trabaja. No le gusta la corbata. Está contento cuando el restaurante cierra. Puede volver a casa y dormir.

7.12   No me gusta ir de compras. Las cosas cuestan mucho. Quiero un nuevo par de pantalones pero no puedo encontrar el color que quiero. Tengo que traer mucho dinero cuando voy de compras. Almuerzo en un café cuando voy a las tiendas. Esto resuelve mi problema porque tengo unos minutos para pensar. Cuando vuelvo a la tienda tengo éxito. Encuentro los pantalones y tengo el dinero.

7.13   Hoy es el día de lavar la ropa. Hay muchas cosas que lavar. Hay los tres pares de blue-jeans de mi hermano, unas camisetas, la chaqueta de fútbol de mi hermana, las camisas de mi padre, un vestido de mi madre, y muchos calcetines de todos. Pongo la ropa blanca junta, la ropa negra y azul junta, y los otros colores juntos. Entonces no hay problemas con los colores.

LIFEPAC 5: VOCABULARY LIST

La ropa:

el abrigo

los anteojos (de sol)

la blusa

las botas

los blue-jeans

los calcetínes

la camisa

la camiseta

la corbata

la chaqueta

la falda

la gorra

los guantes

el impermeable

las medias

los pantelones

los pantelones cortos

las sandalias

el sombrero

el suéter

el traje

el traje de baño

el vestido

los zapatos

los zapatos de tenis

Colors:

amarillo

azul

blanco

gris

negro

rojo

verde

castaño

rosado

púrpura

Possessive Adjectives:

mi, mis

tu, tus

su, sus

nuestro, nuestra, nuestros, nuestras

vuestro, vuestra, vuestros, vuestras

Stem-changing Verbs:

e–ie:

cerrar

comenzar

confesar

defender

empezar

entender

gobernar

pensar

perder

preferir

querer

referir

sentir

o–ue:

almorzar

contar

costar

devolver

dormir

encontrar

jugar (u-ue)

morir

mostrar

mover

poder

resolver

sonar

soñar

volar

volver

e–i:

    medir

    repetir

    servir

Irregular Verbs:

    caer

    conocer

    decir

    hacer

    poner

    saber

    salir

    tener

    traer

    venir

Tener Idioms:

    tener...años

    ¿Cuántos años tienes?

    tener frío

    tener calor

    tener sed

    tener hambre

    tener sueño

    tener razón

    no tener razón

    tener éxito

    tener que + infinitive

Los deportes:

    el esquí

    el tenis

    la natación

    la gimnasia

    el básquetbol

    el béisbol

    el volibol

    el fútbol

    el fútbol americano

    las carreras

LIFEPAC SIX
SECTION I. VOCABULARY & CONVERSATION PRACTICE

Listen and repeat this conversation:

Pablo:	¿Qué quieres pedir [tomar]?
Anita:	No sé. ¿Qué piensas pedir [tomar]?
Pablo:	Me gusta el arroz con pollo pero el biftec parece bien.
Anita:	El biftec aquí es muy delicioso pero prefiero el jamón con papas y una ensalada de verduras.
Pablo:	Parece bien. Miro la paella también.
Anita:	Tienes que decidir. Aquí viene el camarero.
El camarero:	Buenas noches. ¿En qué puedo servirles?
Pablo:	¿Qué es la especialidad del día?
El camarero:	Hoy tenemos la paella valenciana y una ensalada, o la menestra de ternera.
Pablo:	Los dos parecen deliciosas. Me gustaría la menestra de ternera. También una ensalada de verduras.
El camarero:	Está bien. ¿Y Ud.?
Anita:	Me gustaría la paella. Parece bien hoy.
El camarero:	¿Te gustaría una ensalada?
Anita:	Sí, por favor.
El camarero:	¿Y para beber?
Anita:	Me gustaría agua.
Pablo:	Lo mismo para mí.

Listen and repeat the following food vocabulary words:

Las comidas:	Los legumbres o las verduras:
la carne	los frijoles
la carne asada	las papas
el pollo	las zanahorias
el pescado	las habichuelas
las chuletas de cerdo	el maíz
el biftec	las espinacas
la ternera	los guisantes
el jamón	la lechuga
la hamburguesa	el tomate
el tocino	

Las frutas:

    la manzana

    las uvas

    las fresas

    la pera

    la naranja

    el melón

    el melocotón

    la piña

    el plátano

Los postres:

    los pasteles

    las tartas

    el helado

    el pastel

    el flan

Las bebidas:

    el agua

    la leche

    el jugo

    el refresco

    el café

    el té

    el chocolate

    el batido

Otras comidas:

    la sal

    la pimienta

    el azúcar

    la mantequilla

    el pan

    la mermelada

    la sopa

    las papas fritas

    el cereal

    los huevos

    un sandwich

    el yogur

    el arroz

    la pizza

    la pasta

Verbos:

    comer

    tomar

    beber

    preparar

    cocinar

    pedir

    poner la mesa

Listen and repeat these common restaurant expressions:

    ¿En qué puedo servirles?

    ¿Algo más?

    ¿Qué les puedo traer?

    ¿Qué vas a pedir?

    ¿Quieres compartir?

    ¡Buen provecho!

    Tengo mucha hambre.

    Tengo sed.

    La cuenta.

SECTION II. IRREGULAR VERBS

Listen and repeat this conversation:

Luis:	Ana, vamos a dar un paseo por el parque.
Ana:	¡Qué buena idea! Necesito caminar.
Luis:	Siempre como desmasiado cuando comemos en el Café Marcos.
Ana:	Yo también. Doy las gracias que no comemos allí a menudo.
Luis:	Pienso que veo a Miguel y Diana allá.
Ana:	Tienes razón. Vamos a hablar con ellos.
Luis:	¡Hola, Miguel y Diana! ¿Cómo están?
Miguel:	Bien, gracias. ¿Y ustedes?
Ana:	Bien. ¿Qué hacen?
Diana:	Damos un paseo y admiramos como los bancos nuevos dan al fuente.
Luis:	Vamos a sentarnos en uno de los bancos.
Miguel:	A los niños les gusta jugar con el agua en el fuente. Son cómicos con los pequeños barcos.
Ana:	¡Qué mono!

Listen and repeat this conjugation of the verb dar (to give):

yo	doy	*nts.*	damos
tú	das	*vts.*	dais
él	da	*ellos*	dan
ella	da	*ellas*	dan
Ud.	da	*Uds.*	dan

Listen and repeat these dar idioms:

dar las gracias   dar un paseo   dar a

Listen and repeat this conjugation of the verb ver (to see):

yo	veo	*nts.*	vemos
tú	ves	*vts.*	veis
él	ve	*ellos*	ven
ella	ve	*ellas*	ven
Ud.	ve	*Uds.*	ven

Listen and repeat the following infinitives and their yo forms:

agradecer	yo agradezco
aparecer	yo aparezco
conducir	yo conduzco
desaparecer	yo desaparezco
obedecer	yo obedezco
ofrecer	yo ofrezco
parecer	yo parezco
producir	yo produzco
reconocer	yo reconozco
traducir	yo traduzco

SECTION III. IDIOMS

Listen and repeat this conversation:

David:	¡Ay, tengo un dolor de cabeza!
Arturo:	¿Por qué?
David:	Mi hermano toca la música muy fuerte.
Arturo:	¡Qué lástima! Vamos a ir al cine.
David:	No. No quiero andar. Tengo un dolor de pie.
Arturo:	¿Por qué?
David:	Mi hermanita corrió su bicicleta sobre mis pies.
Arturo:	¡Qué pena! Vamos a comer helado.
David:	No puedo porque tengo dolor de dientes cuando como algo frío.
Arturo:	¡Qué horrible!
David:	No sé qué hacer.
Arturo:	Vamos a mirar la televisión.
David:	Está bien. Vamos.

El cuerpo humano – listen and repeat these vocabulary words:

la cabeza	el brazo
el pelo	la mano
los ojos	los dedos
la nariz	el estómago
las orejas	la espalda
los oídos	la pierna
la boca	la rodilla
el diente	el pie
el cuello	los dedos del pie
el hombro	

The verb doler works like gustar and states that part of a body hurts. Listen and repeat these phrases:

Me duele la cabeza.	Le duelen los oídos [inner ears = an earache].*
Me duelen los pies.	Nos duele la espalda.
Te duele la pierna.	Nos duelen los ojos.
Te duelen los brazos.	Les duele el estómago.
Le duele el cuello.	Les duelen las manos.

*[las orejas = outer ears]

SECTION IV. *HAY*

Listen and repeat this conversation:

Sr. Gomez:	Mi familia y yo vamos a hacer un viaje por Sudamérica.
Sr. Lopez:	¿Adónde vas?
Sr. Gomez:	Vamos a Argentina, Uruguay, Paraguay y finalmente a Bolivia.
Sr. Lopez:	Parece un viaje magnífico.
Sr. Gomez:	Pienso que sí.
Sr. Lopez:	Haga Ud. el favor de mandar unas tarjetas postales a mi familia.
Sr. Gomez:	Por supuesto. Vamos a ver muchos sitios interesantes.
Sr. Lopez::	¿Cuáles son?
Sr. Gomez:	En Argentina, vamos a ver el Cristo de los Andes. Y cerca de las fronteras de Argentina, y Uruguay vamos a ver las cataratas de Iguázu. En Bolivia, vamos a visitar la ciudad capital de La Paz. Y hay mucho más lugares que queremos ver.
Sr. Lopez:	Va a ser un viaje inolvidable.
Sr. Gomez:	Espero que sí.

Listen and repeat these hacer idioms:

> Hacer una pregunta
>
> Hacer un viaje
>
> Hacer la maleta
>
> Haga Ud. el favor de + an infinitive

Other idioms:

echar de menos ....Echo de menos a mis amigos.

echar una carta al correo ......Echa una carta al correo a su abuela.

creer que sí (no) ....Creemos que sí (no).

estar de pie ....Están de pie en cola para los billetes.

querer decir ....Quiere decir que no puede ir.

salir bien (mal) ....Salgo bien en el examen de historia.

> El viaje a Madrid sale mal desafortunadamente.

SECTION V. REVIEW EXERCISES, NUMBERS 100–1,000,000

Listen and repeat this conversation:

Enrique:	¿Cuántas pies en una milla?
Padre:	Cinco mil doscientos ochenta pies.
Enrique:	¿Cuántos pies en un campo de fútbol americano?
Padre:	Trescientos.
Enrique:	¿Cuántas personas hay en nuestra ciudad?
Padre:	Hay cincuenta mil personas.
Enrique:	¿Cuánto cuesta nuestro coche nuevo?
Padre:	Cuesta veinte mil dólares.
Enrique:	¿Cuántas estrellas hay en el cielo?
Padre:	Hay millones de estrellas.
Enrique:	¿Cuántas libras hay en una tonelada?
Padre:	Hay dos mil. ¿Por qué hace tantas preguntas?
Enrique:	No sé.

Listen and repeat these numbers:

100 – 900

cien [ciento]	seiscientos
doscientos	setecientos
trescientos	ochocientos
cuatrocientos	novecientos
quinientos	

1,000 – 100,000,000

mil	millón (de)
cinco mil	cinco millones (de)
cien mil	cien millones (de)

SECTION VII. SPEAKING, WRITING AND READING PRACTICE

Listen to the following passages and then respond to the questions.

7.3 Vamos al restaurante para la cena. Voy a pedir el arroz con pollo. Es muy delicioso en este restaurante. A mi padre le gusta el jamón con piña. Mi hermanito siempre pide la misma cosa – hamburguesa y papas fritas. A mi madre le gusta la ensalada con pollo. Me gusta ir al restaurante con mi familia.

7.4 Juana va de compras al supermercado. Tiene que comprar mucha comida para la familia. Va a comprar muchos legumbres como zanahorias, pepinos, maíz, y habichuelas. Necesitan la carne también. Y sus hermanas quieren las frutas. Maria pide las manzanas, y Alicia quiere las bananas. Ella quiere el helado.

7.5 La clase estudia el cuerpo humano. Aprende que en la cabeza hay dos ojos, la boca, la nariz, las orejas, y el pelo. El resto del cuerpo tiene los brazos con las manos y los dedos, las piernas con los pies y los dedos del pie. Repiten un poema que enseña las partes del cuerpo. Es muy cómico.

LIFEPAC 6: VOCABULARY LIST

El vocabulario de la comida:

    El desayuno

    El almuerzo

    La cena

    La merienda

Las comidas:

    la carne

    la carne asada

    el pollo

    el pescado

    las chuletas de cerdo

    el biftec

    la ternera

    el jamón

    la hamburguesa

    el tocino

Los legumbres o las verduras:

    los frijoles

    las papas

    las zanahorias

    las habichuelas

    el maíz

    las espinacas

    los guisantes

    la lechuga

    el tomate

Las frutas:

    la manzana

    las uvas

    las fresas

    la pera

    la naranja

    el melón

    el melocotón

    la piña

    el plátano

Los postres:

    los pasteles

    las tartas

    el helado

    el pastel

    el flan

Las bebidas:

    el agua

    la leche

    el jugo

    el refresco

    el café

    el té

    el chocolate

    el batido

Otras comidas:

    la sal

    la pimienta

    el azúcar

    la mantequilla

    el pan

    la mermelada

    la sopa

    las papas fritas

    el cereal

    los huevos

    un sandwich

    el yogur

    el arroz

    la pizza

    la pasta

Verbos:

comer

tomar

beber

preparar

cocinar

pedir

poner la mesa

dar las gracias

dar un paseo

dar a

ver

agradecer

aparecer

conducir

desaparecer

obedecer

ofrecer

parecer

producir

reconocer

traducir

El cuerpo humano:

la cabeza

el pelo [el cabello]

los ojos

la nariz

las orejas, los oídos

la boca

el diente

el cuello

el hombro

el brazo

la mano

los dedos

el estómago

la espalda

la pierna

la rodilla

el pie

los dedos del pie

Idioms:

tener dolor de

doler

Hacer una pregunta

Hacer un viaje

Hacer la maleta

Haga Ud. el favor de + an infinitive

echar de menos

echar una carta al correo

creer que sí/no

estar de pie

querer decir

salir bien/mal

Numbers:

100 – 900

cien [ciento]

doscientos

trescientos

cuatrocientos

quinientos

seiscientos

setecientos

ochocientos

novecientos

1,000 – 100,000,000

mil

cinco mil

cien mil

millón (de)

cinco millones (de)

cien millones (de)

LIFEPAC SEVEN
SECTION I. PERSONAL CARE

Listen and repeat this conversation:

Maria:	Hoy estoy muy cansada.
Pablo:	¿Qué pasó?
Maria:	Anoche no me dormí hasta muy tarde. Vi una película fantástica en la televisión.
Pablo :	¿A qué hora te acuestas normalmente?
Maria:	Me acuesto a las nueve. Pero no me acosté hasta las once anoche.
Pablo :	¡Ay! ¿Y todavía te levantaste a las seis de la mañana?
Maria:	Hoy no. No me levanté hasta las siete y media. No tuve tiempo, y por eso no me duché, y no desayuné. ¡Solamente me peiné y me cepillé los dientes!
Pablo :	En vez de mirar la televisión debes hacer los ejercicios. Entonces te sientes mejor.
Maria:	Ya lo sé. ¿Puedes caminar conmigo después de la escuela?
Pablo :	Claro que sí. Por hacer los ejercicios, vas a sentirte mejor, dormir mejor y bajarte de peso. ¡Hasta las tres!
Maria:	¡Hasta luego!

Listen and repeat this list of active vocabulary for personal care:

el jabón	la toalla
el champú	el gimnasio
el cepillo	el desayuno
el peine	el almuerzo
la ducha	la cena
la bañera	la cama
la pasta dentífrica	el dormitorio
el espejo	el baño
el maquillaje	el reloj
la secadora	los dientes
la ropa	el pelo
el zapato	

SECTION II. GRAMMAR: REFLEXIVE VERBS

Listen and repeat this conjugation of bañarse (to bathe yourself):

yo	me baño	*nts.*	nos bañamos
tú	te bañas	*vts.*	os bañáis
él	se baña	*ellos*	se bañan
ella	se baña	*ellas*	se bañan
Ud.	se baña	*Uds.*	se bañan

Listen and repeat this conjugation of mirarse (to look at yourself):

yo	me miro	*nts.*	nos miramos
tú	te miras	*vts.*	os miráis
él	se mira	*ellos*	se miran
ella	se mira	*ellas*	se miran
Ud.	se mira	*Uds.*	se miran

SECTION III. COMPREHENSION AND VOCABULARY: WEATHER CONDITIONS

Listen and repeat:

¿Qué tiempo hace?	Hace mal tiempo.
Hace sol.	Está nublado.
Hace frío.	Nieva.
Hace calor.	Llueve.
Hace viento	La temperatura es _____ grados.
Hace buen tiempo	

SECTION IV. GRAMMAR: ADVERBS AND DEMONSTRATIVE ADJECTIVES

Listen and repeat the following adjectives and their corresponding adverbs:

lento	lentamente
rápido	rápidamente
inteligente	inteligentement

Listen and repeat these demonstrative adjectives:

THIS/THESE	THAT/THOSE (close by the speaker)	THAT/THOSE (far from the speaker)
este	ese	aquel
esta	esa	aquella
estos	esos	aquellos
estas	esas	aquellas

SECTION VII. VOCABULARY DRILL

Listen and repeat this conversation:

Maria: ¿Puedo desayunarme contigo, Ramona?

Ramona: Sí, Sí, conozco un buen restaurante. Es muy elegante.

Maria :   ¿Se viste bien en aquel restaurante?

Ramona: Sí, muy finamente. Te pones un traje.

Maria :   ¿Un traje? ¿No son buenos estos jeans y esta camiseta?

Ramona: No, esas ropas no son buenas. ¡No se viste casualmente en aquel restaurante. ¿Vamos a las ocho?

Maria :   ¿A las ocho? Tengo que levantarme temprano... y me ducho esta noche... .¿Prefieres que nos almorcemos?

Ramona: Posiblemente... Si hace buen tiempo... y tendré que irme para la una.

Maria :   ¿Muchas preparaciones para comer! ¿Está este restaurante cercano?

Ramona: No, este restaurante está en el centro. Conduzco mi coche. Nos vamos para allí a las once y media.

Maria :   Entonces nos almorzamos mañana. ¡Y no tengo que despertarme hasta tarde! ¡Qué bueno!

LIFEPAC 7: VOCABULARY LIST

El arreglo:

(las acciónes)

bañarse

lavarse

cepillarse

mirarse

arreglarse

maquillarse

vestirse

ponerse

quitarse

ducharse

secarse

ponerse a dieta

aumentarse de peso

bajarse de peso

dormirse

acostarse

peinarse

despertarse

levantarse

irse

desayunarse

almorzarse

cenarse

pasearse

correr

decir

dormir

ir

(los artículos del arreglo personal)

el jabón

el champú

el cepillo

el peine

la ducha

la bañera

la pasta dentífrica

el espejo

el maquillaje

la secadora

la ropa

el zapato

la toalla

el gimnasio

el desayuno

el almuerzo

la cena

la cama

el dormitorio

el baño

el reloj

los dientes

el pelo

El Tiempo:

¿Qué tiempo hace?

Hace sol.

Hace frío.

Hace calor.

Hace viento.

Hace buen tiempo.

Hace mal tiempo.

Está nublado.

Nieva.

Llueve.

La temperatura es _____ grados.

La estación (de)

El invierno

La primavera

El verano

El otoño

LIFEPAC EIGHT
SECTION I. VOCABULARY & GRAMMAR

Listen and repeat this conversation:

Manuela:	¡Cuánto me gusta visitar a mi abuela!
Daniela:	A mí también. ¿Vive ella lejos de aquí?
Manuela:	Sí, está muy lejos. Estoy decidiendo como viajar a su casa.
Daniela:	Es muy divertido viajar por bicicleta.
Manuela:	No me interesa. Abuelita está viviendo unos doscientos kilometros de mi casa.
Daniela:	Por eso no puedes usar ni el metro ni puedes caminar. ¿Tienes un coche?
Manuela:	No tengo permiso de conducir. No puedo conducir una moto tampoco.
Daniela:	Y viajar por avión cuesta mucho dinero. No es practical.
Manuela:	Siempre me gustaría viajar por un barco, ¿sabes?
Daniela:	¡Creo que no es necesario esta vez!
Manuela:	Bueno, solamente me están quedando el autobús y el tren.
Daniela:	Yo prefiero el tren. Los trenes son limpios, y más rápidos.
Manuela:	Sí, Sí, Sí… Estoy comprando un billete para el sábado en la noche, para llegar a su casa el domingo por la mañana.
Daniela:	Y tu abuelita puede encontrarse contigo en la estación!
Manuela:	¡Qué plan más fantástico! Muchas gracias por la ayuda, Dani.
Daniela:	No es nada. Quizás algún día viaje contigo.

SECTION II. TRANSPORTATION VERB: *VIAJAR*

Vocabulary – listen and repeat:

La bicicleta	El permiso de conducir
El metro	El pasaporte
El coche	A pie
El carro	La parada
El automóvil	El cheque de viajero
La motocicleta	El camino
El avión	La calle
El aeroplano	La avenida
El barco	La acera
El bote	Viajar
El autobús	Ir
El tren	Ir en
La estación (de)	Caminar
El billete	Montar en

SECTION III. THE PRESENT PROGRESSIVE

3.12 Listen and repeat this list of irregular participles:

ir / yendo	caer / cayendo	decir / diciendo	oír / oyendo
poder / pudiendo	venir / viniendo	leer / leyendo	

IV. VACATIONS AND RECREATION: LAS VACACIONES Y EL RECREO

Vocabulary – listen and repeat:

La vacación	Montar a caballo
Las vacaciones	El mar
La playa	Pescar
Nadar	La ciudad
Tomar el sol	El museo
Broncearse	El agente de viajeros
Pasearse en bote	El/la turista
Las montañas	Los puntos de interés
Escalar	Sacar fotografías (las fotos)
El alpinismo	Quedarse
Esquiar	Por
El campo	Gastar (el dinero)
Ir de camping	Costar

Conversation practice – listen and repeat:

El Agente: Buenos días, señora. ¿En qué puedo servirle?

La turista: Buenos días. Me interesa una buena vacación para mi familia.

El agente: Estás en el lugar correcto. Necesito un poco de información. Primero, ¿cuándo piensan viajar?

La turista: Mi esposo y yo tenemos unas vacaciones al fin de junio.

El agente: ¿Viajan con niños?

La turista: Tenemos tres, un chico y dos chicas.

El agente: ¿Cuánto tiempo vas a pasar?

La turista: Viajamos por dos semanas.

El agente: Yo puedo ofrecerte unas vacaciones en las montañas de Suecia. Se puede esquiar, y practicar el alpinismo.

La turista: No, creo que no. Preferimos el calor.

El agente: ¿ Piensan quedarse en hotel?

La turista: Sí, claro.

El agente: ¿Cuáles intereses tiene tu familia?

La turista: Los niños prefieren los deportes, y a mi esposo y a mí nos gustan los restaurantes y los museos, los teatros, etc.

El agente: Les interesa, quizas, una visita a la ciudad de Acapulco, Mexico. Hay muchas playas hermosas.

La turista: Ah, y mis niños pueden tomar el sol, nadar y quizás pasearse en bote.

El agente: Para Ustedes, hay buen turismo: los museos, varios restaurantes buenos, y todo lo interesante de una ciudad moderna.

La turista: ¡Ay fantástico! Consigamos los billetes para el avión. No puedo esperar a decir les a mi familia.

LIFEPAC 8: VOCABULARY LIST

Nouns:

El aeroplano

El agente de viajeros

El alpinismo

La acera

El automóvil

La bicicleta

El billete

El bote

La calle

El camino

El campo

El carro

El cheque de viajero

La ciudad

El coche

La estación

El mar

El metro

La motocicleta

Las montañas

El museo

La parada

El pasaporte

El permiso de conducir

La playa

Los puntos de interés

El tren

El/la turista

Verbs:

broncearse

costar

escalar

esquiar

gastar dinero

ir de camping

ir

ir en

ir en bote

montar a caballo

nadar

pescar

quedarse

sacar fotografías

tomar el sol

viajar

Miscellaneous:

por

a pie

LIFEPAC NINE
SECTION I. HISPANIC TOWN SQUARE

Listen and repeat this conversation:

Mario:	¿Quieres ir al centro conmigo?
Carlota:	Sí. ¿Qué necesitas?
Mario:	Mi madre necesita unas cosas. Me pidío ir por ella.
Carlota:	Voy a preguntarle a mi madre si ella necesita unas cosas también.
Mario:	Bueno. Voy a esperarte en mi casa.
Carlota:	Hola. Estoy lista.
Mario:	¡Qué bueno! Tengo que ir a la carnicería, la panadería, la pastelería y por supuesto la heladería.
Carlota;	Bien. Tengo que ir a la panadería también y la dulcería y la papelería.
Mario:	Me gusta nuestro pueblo.
Carlota:	Las tiendas pequeñas me encantan mucho.
Mario:	El Sr. Gomez es un carnicero excelente. Me gusta la carne de su carnicería.
Carlota:	Y la Sra. Cisneros hace los mejores dulces del mundo.
Mario:	Tienes razón. Y el pan de la panadería es siempre delicioso.
Carlota:	Tenemos suerte de vivir en este pueblo.
Mario:	Estoy de acuerdo contigo en eso.

Listen and repeat these vocabulary words:

la carnicería	el carnicero
la dulcería	el dulcero
la farmacia	el farmacéutico
la florería	el florero
la frutería	el frutero
la heladería	helar (ie)
la lechería	el lechero
la librería	el librero
el mercado	el mercadero
la panadería	el panadero
la papelería	el papelero
la pastelería	el pastelero
la zapatería	el zapatero

SECTION II. CONVERSATION & INDIRECT OBJECT PRONOUNS

Listen and repeat this conversation:

Victor:	Tengo que ir al mercado para mi mamá.
Gerardo:	¿Por qué?
Victor:	Le prometí a ella.
Gerardo:	¿Qué va a comprarle?
Victor:	Necesita unas cosas. Tengo una lista que me dio.
Gerardo:	Puedo acompañarte.
Victor:	Gracias.
Gerardo:	Necesito recordar comprar dulces.
Victor:	¿Para quién?
Gerardo:	Para mis hermanitas. Siempre les compro algo cuando voy.
Victor:	Eres un hermano magnífico.
Gerardo:	No me hace bromas.
Victor:	No, es verdad.
Gerardo:	Vamos ahora.

Listen and repeat the indirect object pronouns:

Singular: me, te, le   Plural: nos, os, les

SECTION III. IN THE CLASSROOM, USING OBJECT PRONOUNS

Listen and repeat this conversation:

David:	Tengo que escribir una carta a nuestra abuela.
Emilia:	¿Por qué tienes que escribírsela?
David:	Maria Cristina necesita unas informaciones que solamente nuestra abuelita sabe.
Emilia:	¿Cómo?
David:	Maria Cristina quiere saberlas para su clase de historia.
Emilia:	¿Qué está haciendo en la clase de historia?
David:	Está estudiando los años veinte. Quiere saber como era la vida entonces.
Emilia:	Ah, comprendo. La abuelita puede decírselas porque sabe mucho de esta epoca.
David:	Por supuesto.
Emilia:	¿Por qué Maria Cristina no escribe a la abuelita?
David:	Porque quiero recibir cinco dólares de Maria Cristina.
Emilia:	¿Ella te la paga por escribir?

David:	Naturalmente. La abuelita me ama más que Maria Cristina.
Emilia:	Eres tonto. Nos ama lo mismo.
David:	Ya lo sé. Pero Maria Cristina no lo piensa.
Emilia:	¡Hermanos!

SECTION IV. PREPOSITIONAL PRONOUNS

Listen and repeat this conversation:

La madre:	No puedo encontrar los anteojos.
La chica:	Están encima de la cabeza.
La madre:	¡Ay de mí! Ahora, ¿dónde está la bolsa?
La chica:	Está al lado del sillón.
La madre:	Ah, sí, al lado de él. Usualmente está dentro de él.
La chica:	¿Dónde están mis zapatos de tenis?
La madre:	Están delante de la cama.
La chica:	Usualmente están debajo de ella.
La madre:	Y de vez en cuando, encima de ella.
La chica:	Tienes razón, mamá.

Listen and repeat these common prepositions:

a	de
en	por
cerca de	detrás de
lejos de	a través de
al lado de	encima de
frente a	debajo de
enfrente de	dentro de
sobre	delante de
entre	

SECTION V. REVIEW AND USE OF IDIOMS

Listen and repeat this conversation:

El profesor:	A causa de sus actitudes, vamos a trabajar en lugar de jugar.
Paco:	Con permiso, por lo general hay solamente uno o dos que son malos. ¿Por qué todos tienen que sufrir?
El profesor:	De nuevo, todos no saben la lección de memoria. A pesar de tener suficiente tiempo para aprenderla, nadie puede hacerla.
Paco:	La podemos hacer en voz baja, pero en voz alta nos hace nerviosos.

El profesor:	Por supuesto, pero es necesario conquistar los nervios. Por eso vamos a practicar a menudo. Vamos a comenzar: A es para animal, B es para….
Paco en voz baja:	Es loco. Ya sabemos el alfabeto.

Listen and repeat these idioms using prepositions:

Those using a:	a casa
	a causa de
	al + infinitive
	a menudo
	a pesar de
Those using de:	de esta manera
	de memoria
	de moda
	de nuevo
	de repente
Those using en:	en casa
	en lugar de
	en punto
	en seguida
	en voz alta (baja)
Those using con:	con frecuencia
	con mucho gusto
	con permiso
Those using por:	por eso
	por fin
	por lo general
	por supuesto
	por todas partes

Listen and repeat this conversation:

Yolanda:	Necesito un libro sobre la historia de España en seguida.
Timoteo:	¿Por qué?
Yolanda:	Tengo que hacer un reportaje en voz alta mañana.
Timoteo:	De nuevo esperas hasta el fin.
Yolanda:	Sí y no tengo tiempo para hacerlo de memoria.
Timoteo:	Puedo ayudarte con mucho gusto.
Yolanda:	Por supuesto. Podemos hacerlo de esta manera.
Timoteo:	No, solamente puedo ayudarte encontrar un libro.
Yolanda:	Con permiso. ¡Qué amigo!

SECTION VII. COMPREHENSION, WRITING AND CONVERSATION

Let's listen:

Listen to the following paragraphs which will be read twice, then answer the questions about each paragraph.

7.4 Tenemos que ir a la librería. Para la clase de español tenemos que leer tres libros de un autor hispánico. Quiero leer un libro de Unamuno, uno de García Márquez, y uno de Allende. Son tres autores muy interesantes. Tenemos que ir a la librería del Sr. Sanchez porque tiene una buena selección de libros y revistas.

7.5 Luis y Miguel van a tomar el autobús al centro. Van a ir de compras para las cosas que necesitan. Luis tiene que comprar un regalo para su hermano. Quiere un pastel de helado. Entonces van a la heladería, pero al fin. Miguel quiere unos zapatos nuevos. Van a la zapatería. Busca un par de zapatos negros que le gusta. Después van a la florería para flores para sus madres. El domingo es el día de la Madre. Y finalmente van a la heladería para el pastel de helado. Regresan en el autobús.

7.6 Por fin es sábado. Tenemos mucho que hacer. A causa de no llegar a las dos en punto tenemos que trabajar rápidamente. La fiesta va a comenzar a las siete. En seguida comenzamos a trabajar en las preparaciones para la fiesta. Por lo general a Mario le gusta limpiar y a Tomás le gusta arreglar. Los dos trabajan bien juntos. Yo preparo la comida. Es mi especialidad.

7.7 En la clase de inglés tiene que leer en voz alta. Es difícil porque muchas personas están nerviosas. Por supuesto hay estudiantes que les gusta de leer en voz alta y otros que son muy tímidos. Maria lee una descripción de su visita a España. Habla de visitar a un pueblo pequeño con sus tiendas como la carnicería, la frutería, la lechería y por supuesto, su favorita la pastelería. Quiere escribir un libro, <u>España en cinco pasteles al día</u>. Ella no tiene miedo de leer en voz alta.

LIFEPAC 9: VOCABULARY LIST

Vocabulario: El pueblo

la carnicería

la dulcería

la farmacia

la florería

la frutería

la heladería

la lechería

la librería

el mercado

la panadería

la papelería

la pastelería

la zapatería

el carnicero

el dulcero

el farmacéutico

el florero

el frutero

helar (ie)

el lechero

el librero

el mercadero

el panadero

el papelero

el pastelero

el zapatero

Prepositions:

a

en

cerca de

lejos de

al lado de

frente a

enfrente de

sobre

entre

de

por

detrás de

a través de

encima de

debajo de

dentro de

delante de

Miscellaneous Prepositional Idioms:

Those using a:

a casa

a causa de

al + infinitive

a menudo

a pesar de

Those using de:

de esta manera

de memoria

de moda

de nuevo

de repente

Those using en:

en casa

en lugar de

en punto

en seguida

en voz alta (baja)

Those using con:

con frecuencia

con mucho gusto

con permiso

Those using por:

por eso

por fin

por lo general

por supuesto

por todas partes

LIFEPAC TEN
SECTION I. VERBS, WEATHER EXPRESSIONS, TRANSPORTATION, THE PRESENT PROGRESSIVE

Listen and repeat this conversation:

Paco:	Oye, Miguel, ¿adónde vas de vacaciones?
Miguel:	No sé. Mi familia todavía está hablando de lugares que queremos visitar. ¿Y tú?
Paco:	Vamos a la playa. A mi familia les gusta nadar, tomar el sol, construir castillos de arena y caminar en la arena. A mí, me gusta más saltar en las ondas.
Miguel:	Parece excelente. Mi hermana quiere ir a Florida para visitar a DisneyWorld. Mis padres quieren conducir por varios estados y visitar a los lugares de interés. Mi hermanito quiere ir por tren a dondequiera. Está fascinado con los trenes. Y yo, quiero ir a Costa Rica. Quiero subir un volcán, ver las tortugas y visitar a una finca de mariposas. Pero eso cuesta mucho.
Paco:	Me gustaría visitar a Costa Rica, o ir en tren. He visitado a DisneyWorld. Es interesante y lleno de cosas maravillosas. ¿Cuáles estados quieren visitar tus padres?
Miguel:	No estoy seguro. Pienso que quieren seguir el río Mississippi.
Paco:	Puede ser interesante.
Miguel:	¡Imagínate! Dos o tres semanas en un coche con mi hermana o mi hermanito. ¡Ay de mí! ¡Qué horror!
Paco:	Tienes razón. Una visita a Florida u otro lugar puede ser mejor.

SECTION II. OCCUPATIONS, REFLEXIVE VERBS, *SER* & *ESTAR*, ADJECTIVES

Listen and repeat this conversation:

Ana:	Tengo que prepararme para mi nuevo empleo.
Luisa:	¿Qué es tu nuevo empleo?
Ana:	Soy recepcionista en la oficina del Doctor Chavez.
Luisa:	¡Qué interesante! ¿Cuándo comienza?
Ana:	Mañana, y me gustaría hacer una buena impresión.
Luisa:	¿Qué vas a llevar?
Ana:	Pienso en vestirme el vestido azul y los zapatos azules.
Luisa:	Me gusta ese vestido.
Ana:	Esta noche me acuesto temprano así que puedo despertarme temprano.
Luisa:	Es importante desayunarte también.

Ana:	Sí, me divierto en comer un desayuno grande.
Luisa:	¿A qué hora tiene que estar allí?
Ana:	A las ocho. Y termino a las cinco.
Luisa:	¡Qué fantastico! ¡Qué todo vaya bien!
Ana:	Adios.

SECTION III. FOOD, NUMBERS, PREPOSITIONAL PHRASES & PRONOUNS

Listen and repeat this conversation:

Jorge:	¿Qué vas a pedir?
Luis:	Pienso que me gustaría la paella. ¿Y tú?
Jorge:	Me gustaría tener la menestra de ternera.
Luis:	También, voy a pedir una ensalada y un vaso de agua fría.
Jorge:	Una ensalada parece bien. Pero quiero té con limón.
Luis:	Me gusta este restaurante mucho. Es elegante pero no es muy caro.
Jorge:	Estoy de acuerdo. Entiendo que Timo va a empezar japonés.
Luis:	Sí. Piensa ser estudiante intercambio a Japón.
Jorge:	¡Qué suerte! Es una experiencia inolvidable. Me gustaría visitar a otros paises extranjeros.
Luis:	A mí también. Pienso que Inglaterra o Francia son fascinantes.
Jorge:	Me gustaría comer la comida italiana. Pienso que Italia es un país donde podemos comer bien.
Luis:	Tienes razón. A mí me gusta la comida francesa. La comida de un país dice mucho de la gente.
Jorge:	Aquí viene nuestra comida. ¡Buen provecho!
Luis:	A ti también.

SECTION IV. OBJECT PRONOUNS, DEMONSTRATIVE ADJECTIVES

Listen and repeat this conversation:

Pablo:	¿Dónde están mis libros? No puedo encontrarlos. La Sra. Lopez los quiere hoy.
David:	No sé. Tienes que encontrarlos. La Sra. Lopez puede ser muy difícil si no los devuelves.
Pablo:	Yo sé. Voy a preguntar a mi madre. Algunas veces pone mis cosas en otros sitios.
David:	Espero que sí. No quiero oír las palabras enojadas de la señora. [Un momento después.]
Pablo:	Mi madre me dice que mi hermano los trae a la biblioteca ahora.

David:	¡Qué bueno! Tienes que decirle gracias.
Pablo:	Por supuesto. Tiene unas revistas que devolver. No quiere oír los gritos de la señora tampoco. Entonces, ¿qué quieres hacer ahora?
David:	Tenemos que volver a la escuela. Hay un examen en inglés en veinte minutos.
Pablo:	Ay de mí. Lo olvidé. Necesito estudiar unos minutos.
David:	Siempre olvidas todo. ¿Qué vamos a hacer contigo?
Pablo:	Me ayudas porque eres mi buen amigo.

SECTION V. *SABER* VS. *CONOCER*, STEM-CHANGING VERBS, WEATHER EXPRESSIONS, POSSESSIVE ADJECTIVES

Listen and repeat this conversation:

Jorge:	¿Qué quieres hacer hoy, Luis?
Luis:	No sé. Podemos ir al cine o ir al parque. Pienso que hay un grupo de chicos que juegan al fútbol. También hace buen tiempo.
Jorge:	No quiero ir al cine. No hay ningunas películas que me interesan.
Luis:	Entonces vamos al parque. ¿Te gusta jugar al fútbol?
Jorge:	¡Por supuesto! Juego mucho.
Luis:	¿Sabes la hora? Tengo que volver a casa a las cinco.
Jorge:	Es la una y media. Tenemos tres horas. Volvemos a las cuatro y media.
Luis:	Esta bien. ¿Conoces a todos los chicos?
Jorge:	Pienso que sí. Asistimos al mismo colegio.
Luis:	No conozco al chico rubio y alto.
Jorge:	Es Frank, el estudiante intercambio de Australia. Es muy simpático.
Luis:	Parece jugar muy bien.
Jorge:	Juega con un equipo en Australia.
Luis:	Vamos a jugar con ellos.
Jorge:	¡Estoy listo!

SPANISH 1: LIFEPAC TEST 10

1. Listen to the tape of several weather reports. Identify which report goes with the weather indicated. Write the city underneath the icon.

a. Hoy en Chicago hace buen tiempo. Hace sol con poco viento.

b. Hoy en Buffalo hace mucho frío con hielo y nieve.

c. Hoy en Seattle va a hacer fresco con lluvia.

d. Hoy en Nueva York hace mal tiempo. Va a hacer nieve y es frígido.

e. Hoy en Las Vegas va a hacer mucho calor con polvo.

Teaching Strategies:

1. When a student is asked for a response and responds incorrectly, ask another student. When a correct answer is given, ask the students who answered incorrectly to repeat the correct answer.

2. Frequently summarize and review. Small doses work best.

3. Learning partners need to be established on day one. They should also rotate during the year. Their role as a learning partner is to work together and try to answer questions or work through a task. This is also the person they may call if they do not understand or forgot an assignment.

4. Suggestions from my classroom.

   a. Once a week allow students to bring in something written in Spanish such as the directions to a game or something about a Hispanic topic such as a magazine or newspaper article.

   b. Require students to speak each day—if only a greeting. Students tend to be shy about their speaking abilities.

   c. Games like Jeopardy, Scattergories, and Pictionary are good reinforcers of already learned knowledge. Allow students to design.

   d. If students get a dictionary, have them get a good one. The bookstores have a wide variety—Cassells, Collins or Bantam are fairly accurate. Teach students how to cross-reference so that they choose the right meaning.

5. Scoring: **Wrong answer** – minus full credit.
                Incorrect or missing accent – minus 1/4 credit
                Incorrect spelling – minus 1/2 credit
                Incorrect word order – minus 1/2 credit

Bellringers:

These are activities done in the first five minutes to reinforce the work done the previous day. They may be done alone or with a teacher-chosen learning partner. Following are some suggested "bellringers" for each lesson.

Section 1

1. List five reasons for studying Spanish.

2. List five occupations where a knowledge of Spanish is helpful.

3. What is a cognate? Word family?

4. What is one important rule to remember when studying a foreign language?

5. Name five parts of speech and give an example.

Section 2

1. Choose three names from the name list on page 10 and write out the spelling using Spanish letter names.

2. Find four names in the name list on page 10 with four different diphthongs.

Section 3

1. List five words to divide and underline the stressed syllable.

2. What are four Spanish punctuation marks not common to English?

Section 4

1. With your learning partner, practice five different helpful phrases to "mime" for your classmates to guess.

2. Give three phrases and ask students to respond appropriately – such as **Saquen la tarea**, and they take out their homework.

Section 5

1. List the four ways to say **you** and tell the difference between each.

2. Use picture cards representing **tú, usted, vosotros** (put a map or flag of Spain on corner of card), and **ustedes**. Hold various cards up and ask which "you" each one is.

Section 6

1. Practice the conversation on page 23 to share with the class.

2. How many ways can you answer:
    - **¿Cómo estás?**
    - **¡Hola!**
    - **¡Adiós!**

Section 7

1. Explain the difference between **¿Cómo estás?**, **¿Cómo está usted?** and **¿Cómo están ustedes?**

2. What are two other ways to ask a person how they are?

Section 8

1. Name five Spanish-speaking countries and their capitals.

2. What is the Pan-American Highway?

Optional Activities:

Section 8

1. Choose one of the Spanish-speaking countries to adopt as your own. Then go around the room asking one by one **¿De dónde eres?** The person asked will respond **¿Soy de _____?**

2. Choose one of the Spanish speaking countries and look in the almanac for the address of their embassy or tourist bureau. Write requesting information about their country.

Teaching Strategies:

1. It is important to reinforce daily the material presented previously. You may choose to incorporate a variety of techniques that will help. Interactive ways are the best to help with the retention process. Several ways are included in the "bellringers" to reinforce newly-presented topics.

2. The concept of person and conjugation are very important to the language learning process. Once this concept is mastered, students can plug in new material and expand their conversational and comprehension abilities. Therefore, it is essential to practice the person/conjugation process frequently to encourage retention. Using a variety of verbs and situations can alleviate the boredom associated with the grammatical process.

3. Try to have the students speak each day. In this chapter you can have them ask and answer basic questions, prepare dialogues, or create a conjugation rhyme. It is helpful to have the students recite such things as the **ar** verb endings in a pattern—**o, as, a, a, a**, or **amos, áis, an, an, an**. This reinforces the process.

4. You may want to challenge their logic skills by asking students nonsensical questions such as **¿Hablas tú la química?** (Do you speak chemistry?) or **¿Escuchan Uds. el mapa?** (Do you listen to the map?) This will result in their listening more attentively. If you intersperse logical with the illogical, it will increase their abilities.

5. On a given day, have the students write for a minute or two all the sentences they can create using their new vocabulary. You may do this as a contest, as a creative exercise or only for the process.

Time Frames:

Section 1: 2–3 days	**Section 5:** 4–6 days
Section 2: 1–2 days	**Section 6:** 4–6 days
Section 3: 2–3 days	**Section 7:** 2–3 days
Section 4: 4–6 days	**Section 8:** 2–4 days

These may be adjusted depending on student achievement.

Bellringers:

Section 1
1. Give the students each an object from the classroom and have them identify it.

2. Play **¿Qué es esto?** and hold up objects for the students to identify.

3. Lay several objects on a tray and allow students 90 seconds to study them. Then ask them to list, in Spanish, all the objects they can remember.

Section 2

1. Create dialogues similar to the one on page 9 for students to practice.

2. Create similar dialogues and leave out words for the students to complete.

Section 3

1. Give various students cards with names on such as Sra. Gomez, Luis, etc. Then ask other students to greet them properly.

2. Give each student a card with a subject pronoun on it. Then ask which person has the 1st person plural or 2nd person singular, etc.

Section 4

1. Create cards with parts of a verb phrase—subject, stem and ending. Then give them to the class. Have students get together with the others who can complete their forms.

2. Ask students to say the translations of basic verbs such as I speak, we listen, you work, etc.

3. Give each person a subject pronoun. Then ask which is a replacement for the actual person. For example: La Sra. Chavez may be Ud. or ella.

Section 5

1. Write out three or four sentences on cards, one word per card. Then ask the students to organize the sentences.

2. Using the cards in #1, add the negative and follow the same procedure to form negative statements.

3. Using the cards in #1, add the question marks and follow the same procedure to form questions.

4. Using the same concept, have the students stand in front of the room, each with a card. Then have one student arrange the students with cards to:

   a. make a statement,
   b. then again to make a question,
   c. then again to make a negative statement.

Section 6

1. Practice conversations to say out loud to the class.

2. Offer a question to elicit a new conversation and try to get three exchanges.

3. Write a short paragraph on the board and have the students try to decipher it either by translating or making statements or acting it out.

4. Write several sentences on the board with blanks, allowing the students time to decide a word that best completes the sentence.

Section 7

1. Use a poster-sized map and give each student one geographical point to show the rest of the class.

2. Have the students create a class map of Mexico with each student researching a specific area of the country (perhaps one of its states.)

Section 8

1. This is the opportunity to review and refresh the student with the information presented in this LIFEPAC as well as remaster the information presented in LIFEPAC 1. You may wish to use previous "bellringers" or design some similar to these to help enhance the students' learning.

Teaching Strategies:

1. It is important to reinforce each day the material presented before. You may choose to incorporate a variety of techniques that will help. Interactive ways are the best to help with the retention process. I have included in the "bellringers" several ways to reinforce newly-presented topics.

2. Use visuals frequently to help students see and hear at the same time. Retention will be greater. Involve the students in making the visuals—family members, houses, flash cards—and greater retention will be attained.

3. Review English parts of speech as you teach. This will help students understand the structures. Explain words they do not understand or have them look them up in the dictionary.

4. Reinforce the concept that there are three types of verbs (**-ar, -er** and **-ir**) and that they need to use the correct endings in their conjugations.

5. Write the date on the board at the beginning of each class.

6. A good tool is journal writing. This may be done as a weekly activity. You may allow free writing (which the students find much harder to do) or give them a question or topic to write about. Do not grade the journal, but do correct mistakes.

Time Frames:

Section 1: 4-6 days	**Section 5:** 3–5 days
Section 2: 2–3 days	**Section 6**: 4–6 days
Section 3: 3–4 days	**Section 7:** 2–3 days
Section 4: 2–3 days	**Section 8:** 2–3 days

These times may be adjusted depending on student achievement.

Bellringers:

Section 1

1. Give each of the students a picture of an article of furniture. Have them identify the article and tell which room it is from.

2. Using flash cards of the house vocabulary, have students identify the word and tell what definite article goes with it.

3. Give each student a word and have them state the definite article and make the word and article plural.

4. Write 5–10 words on the board; the students write the definite article and the plural forms.

Section 2

1. Give noun flash cards to students and have them give the definite article.

2. Write out math facts on cards and have students recite them.

3. Write three or four problems on the board and have the students write them out.

Section 3

1. Make a "family" tree and have the students list the family members on it. Refer to the vocabulary list below to help with this exercise and also to complete Exercise 3.1 in the LIFEPAC.

el abuelo – the grandfather	**el hermano** – the brother
la abuela – the grandmother	**la hermana** – the sister
el padre – the father	**el tío** – the uncle
la madre – the mother	**la tía** – the aunt
el esposo – the husband	**el primo** – the cousin (male)
la esposa – the wife	**la prima** – the cousin (female)
el hijo – the son	**el nieto** – the grandson
la hija – the daughter	**la nieta** – the granddaughter

2. Write five sentences on the board using the forms of **ser**. Leave the verb form blank and have the students fill it in.

3. Write five "answers" on the board and have the students decide which question word it answers.

4. Ask five questions using family members, **ser** and an interrogative.

Section 4

1. Write the numbers 1–12 on cards and hand them to students. Then have the students state which month their number represents.

2. Write five dates on the board and have the students say them in Spanish.

3. Cut out pictures of the "seasons" or weather events and have the students identify the season and again give a month for that weather event.

4. Write five times on the board and have the students say them.

5. Write five activities on the board that are time-oriented such as eating lunch. Ask the students to say when that would happen.

Section 5

1. Write five or ten sentences on the board using **-er** and **-ir** verbs. Have students fill them in.

2. Give each student a card with the verb on it. Give them a subject and have them conjugate it.

3. Write five questions on the board using **-er** and **-ir** verbs and have the students answer them.

Section 6

1. Write five questions on the board and have the students chose one and see how many answers they can come up with.

2. Write a short paragraph on the board and have the students write information questions which will aid comprehension.

3. Write one part of a conversation on the board and have the students prepare to say the second part.

4. Write several "clues" to family members or house vocabulary and have the students identify them.

Section 7

1. Write a half a conversation on the board combining the material from LIFEPACs 2 and 3. Have the students do the second part.

2. Give the students a setting of a house, choose two family members and write a mini conversation that would take place in that room.

Section 8

1. Using the map identify the areas where the Aztecs and Mayas were.

2. Write "clues" on the board using some of the cultural points and have students pull out the answer from the reading.

Optional Activities:

Section 8

1. Research the Indians of Mexico.

2. Look up in cookbooks traditional foods from Mexico and prepare a dish for the class.

3. Find out about other traditional holidays celebrated in Mexico such as:
   - Día de la Raza (Oct. 12)
   - Pan-American Day (April 14)
   - Cinco de Mayo (May 5th)
   - La Fiesta Nacional (Sept. 16)
   - Día de la Virgen de Guadalupe (Dec. 12)
   - The Feast of Corpus Christi (June)

4. Find examples of traditional Mexican dress and create a display.

Teaching Strategies:

1. Vocabulary is very important. Frequently quiz the words, going from Spanish to English and English to Spanish. Flash cards are helpful with this because they offer both visual and auditory practice. Words should be reviewed every day as part of the lesson.

2. Practice the use, pronunciation and spelling of all new verbs. Since these do not adhere to normal conjugation rules, repetition is the best way to reinforce.

3. The creation of a town scene will enhance this learning. The students should be involved in this process. It will allow backdrop for conversational and vocabulary practice. Another good visual is to create smiley type faces which can have different expressions on it to reinforce emotion vocabulary.

4. Agreement is extremely important in the Spanish language, so frequently remind the students to make sure that they make the agreement between subject and verb, and noun and adjective.

5. The students can look for items written in Spanish such as game directions, appliance directions, advertisements, newspapers, etc. This enhances the knowledge that Spanish is a language spoken by many people.

6. Magazine and newspaper articles about Hispanic countries or people are good bulletin board or scrapbook items that will enhance the global understanding.

7. A creative project could be the creation of a children's book. Themes could be colors, family, a short story about a town, a bilingual vocabulary book, emotions, etc.

8. A cultural activity could be to find a recipe from one of the central American countries and prepare it to share with the class or prepare it in the class. Or, video stores often have an educational or travel video area and have videos of one of these countries. (Some of the scenery is spectacular.)

9. It is important to practice speaking as much as possible. Creating dialogues of their own helps students to foster speaking and functionality of the language. In the days where sections have dialogues, have the students practice the dialogues until they feel at ease.

10. Play charades or a "Pictionary" type game and have the students guess the vocabulary. It is best to combine two skills to reinforce.

11. Go back to previous LIFEPACs and pull out concepts and vocabulary for reinforcement and review.

Time Frames:

Section 1: 3–5 days   Section 6: 2–4 days
Section 2: 3–5 days   Section 7: 3–5 days
Section 3: 3–5 days   Section 8: 1–2 days
Section 4: 2–4 days   Section 9: 2–3 days
Section 5: 2–4 days

Bellringers:

Section 1

1. Divide the class into two parts. One part is given the role of Luis, the other Miguel. Have them face each other in two rows. Have them practice with the partner across from them. Then have both groups move one place to the right and rehearse with a new person. You may repeat this three to five times.

2. Write the subject pronouns on the board in a column. Give each student a conjugated form of ir written on a card. Have them match the form with a subject pronoun on the board. Then have them state the form in Spanish and in English.

3. Make a city map and have the students, as part of the previous nights   home-work, make a "building" from the town. Then put the buildings on the map and use this for daily practice of vocabulary review.

4. Using the map, ask the students **¿Adónde vas?** by pointing to one of the buildings. They need to reply with **Voy + a +** the **definite article** and the   **building**.

Section 2

1. Give each person an occupation and have them prepare three sentences to use as clues for the rest of the class to guess each other's occupation.

2. Make "stick" people representing the different occupations and have the students place them on the map of the city.

3. Give each student a math problem to present to the class.

Section 3

1. Write five sentences on the board and give students five adjectives to place in the sentence. Watch for the agreement.

2. Cut pictures out of magazines or catalogues and have the students describe something or someone in the picture.

3. Give each student a word such as **la película** (movie) and ask them to think of five Spanish adjectives to describe it. Watch for agreement.

4. Write five descriptions on the board and have the students translate them. Watch for the word order – quantity – noun – description, e.g., "some nice teachers."

Section 4

1. Use faces representing the emotion adjectives and have the students decide **Está** _____.

2. Go around the room asking **¿Cómo** and a form of **estar?** and ask the students how he/she and the others in the class are.

3. Use the map of the city and ask where certain places are in relationship to others. Or use a stick person and place them in different places in the town and have the students discuss the relationship to certain buildings.

Section 5

1. Write six sentences on the board, 3 requiring **ser** and 3 requiring **estar** mixed up. Have the students decide which goes in each place. Watch forms as well as the verb.

2. Make a list of 10 adjectives and put them on the board. Ask the students whether they require **ser** or **estar**.

Section 6

1. Write the negatives and positives on cards. Give them to the students and ask them to find the person with their opposite form.

2. Ask questions requiring negative answers. Students can be asked to make emphatic denials.

Section 7

1. Give the students a question using the vocabulary presented in this chapter and have them answer. This activity may be written or oral.

2. Find something written in Spanish—a magazine, directions to a game—and have the students find four words they know and share them with the class.

3. Choose a place in town and prepare three sentences describing the place. Allow students to guess or do this as a written activity.

4. Have students write a note to their parent stating that they are going someplace and what they are going to do.

Section 8

1. Create a map of Central America. Have students prepare a small "icon" of something from each one of the countries to place on the map.

2. Play a "Jeopardy"-type game with the countries as the main topic and clues from each country.

Section 9

1. Practice with flash cards:
   a. vocabulary
   b. verb forms
2. Play "Jeopardy" with topics such as:
   a. **ser** adjectives
   b. **estar** adjectives
   c. negatives/positives
   d. around the town
   e. professions.
   f. regular verbs
   g. numbers 1–100

Optional Activities:

Section 8

1. Get on the Internet and locate resources relating to each of these countries.

2. Write to the tourist bureau of these countries and ask for information.

3. Choose one country and explore its geography, civilization and history.

Teaching Strategies:

The first five sections of this book are completely new information with a self test at the end of each. Try to reinforce new ideas and vocabulary daily. Section 6 is the culture section which introduces the Hispanic Caribbean islands. This section and the activities that go with it are excellent ways for the students to comprehend the people whose language they are learning. These islands are so varied in their lifestyles that allowing the students to do research will further open their eyes to the vastness of the Hispanic culture.

Section 7 reviews all the material presented in this LIFEPAC and is a good way to prepare for the LIFEPAC Test. If a student struggles to complete this section, then more reinforcement is needed.

Section 8 reviews material presented in the first five LIFEPACs. This is done to refresh and remind students of the previous materials. Learning a foreign language requires constant review so that the building blocks are in place for future learning.

Following are some strategies which will help with the learning of presented material.

1. Constantly review the vocabulary presented, the nouns, the verbs and even some of the little words. Each day pull out five to ten words to concentrate on reviewing that day. You may wish to go into the conversations, reading passages, etc. and pull out specific words to review.

2. The verb forms learned in this chapter are unique but commonly used in everyday Spanish; therefore, memorization and use of these verbs is imperative. Review a different couple of verbs each day. Ask the students to give you a shoe verb in the **yo** form, or a "go" verb in the **yo** form.

3. The concept of the verb **gustar** is one that is very difficult for students to grasp. Remind them to look at what is liked to choose **gusta** or **gustan** and then match the "subject" with the person liking. Go around the room and ask **Te gusta** or **Te gustan** and choose items they would or wouldn't like. This would be a good opportunity to review vocabulary from previous LIFEPACs. For example: **¿Te gusta la biblioteca?**; **¿Te gustan los zapatos verdes?**, etc.

4. Remind students when learning the forms of **saber** and **conocer** that the **yo** form is irregular in both. Frequently ask them questions such as **¿Sabes la historia?** which requires **Sé la historia**. Or **¿Conoces a Miguel?** which requires **Conozco a Miguel** in the response.

5. The students should have enough ease and knowledge now to start to memorize the conversations and present them to the class. They need to speak the language without cues.

6. You may wish to give a brief vocabulary quiz after each group of classified vocabulary has been presented and learned. I suggest that the quiz vary its format. For example:

   > 5 matching Spanish to English.
   > 5 Spanish to English translations
   > 5 English to Spanish translations
   > 5 Fill in the blank using sentences.

7. You may also wish to give a brief quiz after each group of verbs is presented. In this quiz, ten fill in the blanks would suffice. Use questions similar to the exercises.

8. When teaching possessive adjectives, reinforce that the number of items possessed determines the singular and plural aspect of the adjective. You could reinforce this by having one student hold one pencil (or any object) and another holding two or more. Say **mi lápices** and then the students should respond with **no, mis lápices**. Have some correct and some incorrect to keep the students focused.

9. The guided conversations are very important for the students to do. They need to "own" some of the learning instead of being totally directed. It is okay if they make mistakes. You can choose to correct them or let them go and enjoy the fact that they are trying on their own. Please remind students that "slang" expressions do not usually translate well. So if the student wants to say something like "He plays like a pro" or "She eats us out of house and home," they will not translate into comprehensible Spanish. They need to be content to say things like "He plays very well" or "She eats a lot."

10. Try to find "real" Spanish such as magazines, information brochures, menus, etc. for the students to see the Spanish language in action. It helps to reinforce. You may want to give extra credit for items brought in. Often many state and federal organizations offer their brochures in Spanish. Tourist areas are also good places to find them.

11. Keep the students aware of happenings in the Hispanic world by using the newspapers, magazines, or internet sources. Have a bulletin board where students can post clippings and realia they have found.

Time Frames:

These time frames are tentative. They may change depending on the number of reinforcement and optional activities you choose to do. It is best to ensure that the students have a good mastery of each topic before continuing to the next.

Try to begin each class with a "bellringer" or another activity to get the student thinking in Spanish.

Section 1:	should take 3–5 days, 6 if gustar is a problem, or if you choose to have students memorize a conversation.
Section 2:	should take 3–5 days, 6 if the guided conversation is done in class.
Section 3:	should take 3–5 days
Section 4:	should take 3–5 days
Section 5:	should take 3–5 days
Section 6:	should take 1–2 days and can be done at any point in the LIFEPAC or divided into one day to introduce and another for students to present material they have found.
Section 7:	should take 2–4 days depending on how much the students remember.
Section 8:	should take 2–4 days again, depending on how much the students remember.

Bellringers:

Section 1

1. Assign parts and practice the conversation on page 1 three or four times.

2. Use catalogs to make flash cards of the clothing listed on page 3 and have the students identify them.

3. Go around the room and identify one item of clothing a person is wearing, including the colors.

4. Play **¿Qué te gusta llevar?** – "What do you like to wear?" Have each student describe their favorite clothing.

Section 2

1. Assign parts and practice the conversation on page 11 several times.

2. Play **¿Es tú chaqueta?** – "Is this your jacket?" Substitute different articles of clothing each time.

3. Give the students a subject pronoun and verb form and ask which possessive pronoun matches. For example, **Yo llevo** matches **mi, mis**.

4. Play "match it" or "tic-tac-toe" with the verb forms and infinitives

Sections 3 & 4

1. Have students make a "shoe" and a ball out of construction paper. On the shoe they write the shoe forms of a verb, and on the ball they write the **nosotros** (and **vosotros**) form. Then share the shoe with the class. Give awards for the most unique shoe.

2. Photocopy several shoes on a paper and have the students fill in with different shoe verbs. Have them decide what to "kick" out of the shoe for the **nosotros** form; for example, a tin can, a bucket, a ball.

3. Go around the room asking for various verb forms using these verbs.

4. Have students demonstrate the **tener** idioms and let other students identify the **tener** idiom.

5. Cut pictures out of a magazine of various sports figures or people playing a sport and have the students identify the sport.

6. Have the students create a sports complex on the bulletin board labeling people involved in the various activities. Then use this board during the lessons to reinforce the vocabulary.

Section 5

1. Keep working with the shoe idea. But now have the students identify the type of shoe they have—e–ie, **o–ue**, or **e–i**.

2. When trying to reinforce **saber** and **conocer**, make flash cards of the verb forms and quiz the students frequently.

3. Also cut out pictures of people (portraits), activities, places from magazines and then hold the pictures up and have the students identify whether they would use **saber** or **conocer** when talking about that picture.

Section 6

1. Look up information on the Caribbean islands and present it to the class.

2. Have the students make a Caribbean mobile of the islands, giving each student a different island to cut out of oaktag and write information on it that would identify the island.

3. Look up in a Caribbean cookbook in the library and some of the dishes unique to each country.

4. Have the students do a comparison of life on these three islands making sure to pull out the effects communism has had on Cuba, the way "old ways" tend to interfere with progress in the Dominican Republic, and Puerto Rico's struggle for independ-

ence vs. statehood.

5. Play verb tic-tac-toe. Put a different verb infinitive in each square of the tic-tac-toe board. Divide the class into two teams. Ask for a specific verb form, (the yo form of **salir**) and if the team gets it correct they get that square. If not it goes back into play.

Section 7

1. Do a dictation of various words which have the L and N sounds in them. Say several words and the students have to write them. Check for spelling.

2. Go back to the previous lessons and pull out two or three questions from each to have the students practice.

3. Prepare a list of oral questions that can be answered with the vocabulary presented and ask each student a different one.

Section 8

(This lesson reviews material presented in the previous four LIFEPACs.)

1. Review house vocabulary by using collages, house magazines, whatever you can that will offer a visual cue for the vocabulary to be reviewed.

2. Review family members by giving each student a card with a family member on it (**la madre, el padre, el hijo**, etc.) and have the students "build" a family tree.

3. Play number "Jeopardy" by having columns for dates, times, addition, subtraction, ???;, and have the students prepare "question" answers for each. For example:

El día de nuestra independencia. – ¿Qué es el cuatro de julio?;
54 – ¿Cuánto es veinte y treinta y cuatro

(or whatever problem is correctly answered by that number).

4. Give each class member a card listing a place in the town. Then ask the students to name activities done at that place. The other students will then guess what their place is. For example:

Rezar, cantar, estudiar la Biblia – la iglesia
dar o tomar dinero – el banco
nadar, tomar el sol – la piscina

5. Go around the classroom playing **¿Qué es esto?** using the items in a classroom.

6. Color pictures of clothing and have the students describe them using colors.

Teaching Strategies:

Sections 1–5 present the new materials and, therefore, must be reviewed frequently, as each section builds on the previous lessons. Section 6 deals with the geography of South America. This unit offers opportunities for the students to research on their own for information about the South American countries. Sections 7 and 8 are review lessons.

1. There is a lot of vocabulary presented in this LIFEPAC. Please try to reinforce it every day. The students need a variety of ways to reinforce, so try to vary the way you present the reinforcement.

2. Remind the students frequently that they need to learn how the Spanish language works and accept that it is different from English. It does not make it wrong just because it is different.

3. Idioms can be quite difficult to comprehend. Please try to keep the students aware of what may be an idiomatic phrase. Remind them of "good English-bad Spanish," "good Spanish-bad English" when they try to do a word-for-word translation.

4. Practice the verb forms frequently using a variety of activities.

Time Frames:

Section 1: 4–5 days to completely know the vocabulary   **Section 4:** 3–4 days

Section 5: 4–5 days

Section 6: 3–4 days

Section 2: 3–4 days   **Section 7:** 2–3 days

Section 3: 4–5 days   **Section 8:** 3–4 days

Bellringers:

Section 1

1. Have several students read the conversation aloud.

2. Make a list of subtopics for the food and have the students name a food under one of the columns.

3. Use prepared paper plates and ask the students to "give their order."

4. Cut out food pictures and have students identify the food.

Section 2

1. Have several pairs of students read the conversation aloud.

2. Give each student one of the verbs presented in this lesson and ask him/her to think up three sentences using the verb.

3. Use flash cards to practice meanings and conjugations.

Section 3

1. Have several pairs of students read the conversation aloud.

2. Point to various body parts and ask the students to identify them.

3. Pantomime whichever part of your body hurts and have the students state which it is.

4. Create a classroom monster or person and have each student design one part of the body and then put him together on the bulletin board.

Section 4

1. Have several pairs of students read the conversation aloud.

2. Discuss idioms and have students make a list of commonly used English idioms.

3. Play "idiom" jeopardy and have columns for **hacer, tener,** and misc.

Section 5

1. Have several pairs of students read the conversation aloud.

2. Write a number on a slip of paper and hand it to a student as he walks in. Or make enough for the whole class.

3. Play **¿Cuánto es?** and ask the cost of various items such as a car or house.

4. Have the students look up a geographical point in South America and come with a description using a large number.

Section 6

1. Create a classroom map and discuss geography and cities in South America.

2. Play "20 Questions" using geography facts from South America.

3. Assign one country to one or two students and have them give a fact a day.

Optional Activities:

Section 1

Please try to do at least two or three of these activities to enhance learning the vocabulary.

1. Make a menu for a restaurant and then use it to create a conversation between patrons and waiters.

2. Cut food pictures from magazines and glue them on a paper plate. Have the students either create a conversation or describe their "favorite" meal.

3. Play food jeopardy with categories like:

El desayuno	**Legumbres**
El almuerzo	**Carnes**
La cena	**Postres**
La merienda	**La mesa**

4. Play tic-tac-toe using the vocabulary going either Spanish to English or English to Spanish. The students can earn a square by giving the meaning. Spelling may be an added requirement.

5. Make a grocery list and have the students look through the newspaper ads then tell how much each food item costs.

Section 2

1. Play tic-tac-toe with these new verbs asking for certain forms of the verb to earn a square.

2. Make flash cards with these verb forms and quiz the students for five minutes each day.

3. Pantomime certain actions to elicit the meaning of the verbs.

Section 3

1. Make puppets labeling the parts of the body and then pretend that certain parts hurt.

2. Make a puzzle using a cardboard person cut up by body part and put the puzzle together stating which part is placed.

3. Play charades with the one person acting out that a certain part hurts and the class-mates have to identify what aches.

Section 4

1. Have the students create a conversation about a trip they are going to take. This could be done in conjunction with learning about a Spanish-speaking country. They could then tell of specific places they are going to visit.

2. Play "20 Questions" about what is inside the suitcase that is being packed for a trip to a certain place. This would review the clothing from LIFEPAC 5.

3. Play **¿Qué quiere decir en español/inglés?** to quiz vocabulary.

4. Ask questions such as:

   ¿A quién echas una carta al correo?

   ¿Sales bien en los examenes de ____subject___?

   ¿Dónde tienes que estar de pie mucho?

Section 5

Try to do at least two of these activities to reinforce numbers.

1. Play tic-tac-toe using numbers in each box and the students have to say/spell the number correctly to earn the square.

2. Ask the student questions which require a large number answer such as:

   a. What year did Columbus discover America?

   b. Approximately how many square feet in your house?

   c. In what year were you born?

   d. How far is it from NYC to LA?

   e. How many miles on your parents' car?

3. Have the students look up geographical facts that have large number answers. For example:

   a. How tall is Mt. Everest?

   b. How deep is the ocean?

   c. How many square miles in the US?

4. Have the students read statistics from baseball cards.

5. Have the students read the advertisements for new cars or houses and give the prices.

6. Ask students to describe large numbers of items; for example, the number of jelly beans in a jar, the number of people in a city.

Section 6

1. Have each student prepare a card with a large number on it. The student should be able to write and say the number. Then ask another student to say the number. Go around the room until all numbers are done.

2. Prepare paper plates with pictures of foods cut out of magazines or drawn. Then have the students ask each other what they are eating. These plates may also be used for conversational practice.

3. Have the students construct a classroom "person" by having each student be responsible for making a part of the body and putting it all together on a board. Then the students have to identify the various parts.

4. Play "Pin the body part on the torso" and have blindfolded students place parts on the torse. Then they can describe their part and where they put it such as **Pongo los pies en el lugar de los brazos** (I put the feet in the place of the arms).

Teaching Strategies:

Section 1

1. Flash cards, flash cards, flash cards. Begin each day with the newest vocabulary on flash cards. Work from Spanish to English and from English to Spanish. Repetition is the key.

2. Brief matching quizzes (10–15 words).

3. "Pop" quiz on the board. Have fifteen to twenty words in English or Spanish, numbered, on the board. Students will number their papers. The instructor calls out a randomly picked corresponding word in the opposite language. Students will write the NUMBER of the matching word on their papers. (The instructor calls out banarse. The student will write a "5" on his/her paper because number five on the board is "to bathe oneself"). Have students exchange and grade each others' papers immediately following.

4. As students enter the class, each is handed a flashcard with a reflexive infinitive. Each student will list three to five related words from the vocabulary list on a half sheet of paper. (For example, if the student receives **ducharse**, he/she will write **el jabon**, **el agua**, **la toalla**, etc.) Rotate the cards every two minutes, three to five times. Students should be encouraged to avoid using their lists and do as much as possible from memory.

5. Toss a nerf ball around. Call out a vocabulary word as you toss the ball to a student. The student should answer in the target language before throwing the ball back to the instructor.

Time Frames:

Section 1: 3–5 days	**Section 5:** 2–4 days
Section 2: 3–4 days	**Section 6:** 2–4 days
Section 3: 3–4 days	**Section 7:** 2–3 days
Section 4: 2–4 days	**Section 8:** 2–3 days

Bellringers:

Section 1

1. Have an empty chart with the subject pronouns on the board. As each student enters the room, hand him/her a card with a reflexive form written on it. Once students are seated, call them individually to place his/her card next to the correct subject pronoun.

2. The same "pop" quiz as mentioned before. This time, use the forms of three reflexive infinitives. Call out the verbs in forms ("I bathe," "you bathe," etc.).

3. Have ten numbered magazine pictures on the board as students enter the classroom. Write a Spanish subject pronoun under each one (or a proper name). Students will write a verb form identifying the reflexive action in each.

4. Each student is given or makes five flash cards from the forms of one particular reflexive infinitive. The instructor calls out the desired form in the opposite language. The students, without speaking, hold up the matching form. The instructor will direct attention to the correct card. (For example, if the instructor calls out "We look at ourselves", a student would correctly hold up a card that said **nos miramos**).

Section 2

1. Have a national map on a bulletin board. Affix pictorial representations of weather about the map. Students may write or speak the answers to your questions. (Donde esta nublado? Hace sol en San Antonio?)

2. Flash cards, and pop quizzes as mentioned before.

3. An oral quiz of true/false statements regarding the day's weather patterns. Limit it to ten questions.

4. Each student chooses a season of the year and writes three to five statements about the weather particular to that season. The student reads his statements to the class, in Spanish, and the others attempt to guess about which season he/she is talking.

Section 3

1. Each student is given ten index cards. On two, write the suffixes **–mente** and **–amente**. On the other eight, copy adjectives from the board as chosen by the instructor (make them familiar adjectives). The instructor calls out an adverb. The students assemble the adverb, using the information on the cards, and hold them up for evaluation. (For example, the instructor calls out "slowly". The students assemble and hold up **lentamente**.) This activity is particularly good in that all students may participate at once.

2. List ten adverbs made from unfamiliar vocabulary (use the dictionary) on the board. The students must "deconstruct" them to determine from what adjective they were derived.

Section 4

1. Ball toss – have a list of familiar objects (using the current chapter's vocabulary is helpful) on the board. Toss the ball to a student an require that s/he translate the object and the demonstrative adjective before throwing it back. For example, the instructor says "those hats" and throws the ball. The correct response would be: **esos (aquellos) sombreros.**

2. Use the same list and make a written quiz out of it. As the instructor calls out the desired phrases for translation, each student writes his/her response down. Exchange and grade the papers immediately afterward.

3. Use the same list in conjunction with the flash cards. Each student has three to five flash cards with demonstrative adjectives written on them. Call on a student and first have that student identify his/her demonstrative adjectives, both in meaning and gender and number. After that, randomly select students to place the correct adjective next to its agreeing noun on the board.

Optional Activities:

Section 1

1. Find magazine advertisements for popular personal care items: Make a bulletin board with them. Divide the board into three time zones and label the zones. Label each individual item and provide a Spanish action word to go with it. You may choose to detach the labels for classroom conversation (**¿Cuál es el champu? ¿Con cuál te lavas el pelo? ¿Cuándo te acuestas?**), or the board may be student-created. The board should then be reviewed daily.

Section 2

1. Exercise 2.9, page 11:

   a. Repeat the activity, making the sentences negative by placing the word NO in front of the reflexive pronoun.

   b. Repeat the activity, turning the statements into questions, by placing YO after the verb forms and using appropriate punctuation.

   You may wish to repeat this activity, substituting different subjects each time. For example, say: Let's suppose we are talking *about* Raul, and saying what *he* does. Use **el** forms all the way through. Or how would *we* talk about *ourselves*, using **Nts.** all the way through?

2. Have students make reflexive verb flash cards, using large index cards and magazine pictures. Have them glue the pictures on one side and write the Spanish ONLY on the other. You should make your own also. Once the cards are completed, have the students review with and quiz each other, all in Spanish. Use the cards to quiz the class yourself—daily. Use the cards as conversation starters, to encourage students to discuss their own habits, and those of their families. On a blackboard tape the pictures out of logical order. Have students re-order them logically, naming them in Spanish, as you go.

Section 3

1. How would you describe how to get dressed? How to take a bath? How to get ready for bed? Write a list of 7–10 instructions, using as many reflexive verbs as possible, in Spanish describing those procedures. (Instructor: This could be done on the board as a group activity. Then, each student would continue this theme by writing his/her own composition.)

2. After students copy the vocabulary list, and the Spanish phrases have been linked to the pictures, have students illustrate their notes. Each phrase should be augmented, in their notes, with a full color representation of that weather. For example, a shining, yellow sun will most likely illustrate **hace sol**.

3. Assign each student a region of the country. Using the Internet, The Weather Channel, newspapers, etc., have each student give a daily report on that region's weather—in Spanish, including temperature—for a week.

4. Review your local forecast at the beginning of the week with the class. A pictorial representation should be on the chalkboard, or bulletin board, for each discussion. Weather is an excellent topic for an all-Spanish discussion. For example: **¿Qué tiempo hace el jueves? ¿ El lunes?**

5. Oral activity – Listen to the instruction from your teacher. This is to be done orally. The instructor shall read small, related groups of weather conditions, ending each with the question: **¿De qué estación hablo?** (About what season am I talking?). Students shall answer in Spanish.

6. Composition – The students shall write a ten-sentence paragraph describing their favorite activities for each weather condition. The instructor shall introduce the assignment on the board/orally as such. For example:

   Cuando nieva, me gusta cocinar. (When it snows, I like to cook.)
   Yo escucho música cuando llueve mucho. (I listen to tunes when it rains a lot.)

Section 4

1. Make columns of 15 assorted nouns on the board, each accompanied by an English demonstrative adjective:

   (that / close) sombrero

   (these) pencils

2. Make two sets of flash cards of the demonstrative adjectives (Spanish only). You should have 18 cards. Distribute them among the students. Now go through the list, asking **¿Quién tiene un demonstrativo para…?** You are looking for a card with an agreeing adjective, and two students should hold up the appropriate card. Choose one student to tape the card to the board, in front of the noun. Repeat until the cards are used.

3. Have the students perform the following mini-dialogue with a learning partner, substituting the underlined nouns for the ones in the exercise. Make sure to change the demonstrative adjectives accordingly. This activity may also be written. (**Note:** Answers are in italics.)

   Example: **computadora** Te gusta <u>esta</u> computadora o <u>esa</u> computadora
   Me gusta aquella computadora.

   Example: **videojuego** ¿Te gusta este videojuego o ese video juego?
   Me gusta aquel videojuego.

   a. (los) cuadernos: *¿Te gustan estos cuadernos o esos cuadernos?*
   Me gustan aquellos cuadernos.

   b. (las) camisas: *¿Te gustan estas camisas o esas camisas?*
   Me gustan aquellas camisas.

   c. (el) perro: *¿Te gusta este perro o ese perro?*
   Me gusta aquel perro.

   d. (el escritorio):   *¿Te gusta este escritorio o ese escritorio?*
   Me gusta aquel escritorio.

   e. (las camisas):   *¿Te gustan estas camisas o esas camisas?*
   Me gustan aquellas camisas.

   f. (la pintura):   *¿Te gusta esta pintura o esa pintura?*
   Me gusta aquella pintura.

   g. (los) automóviles: *¿Te gustan estos automóviles o esos automóviles?*
   Me gustan aquellos automóviles.

   h. (las manzanas)   *¿Te gustan estas manzanas o esas manzanas?*
   Me gustan aquellas manzanas.

i. (el) balón: *¿Te gustan este balón o ese balón?*
                  Me gustan aquel balón?

j. (la taquería) *¿Te gusta esta taquería o esa taquería?*
                  Me gusta aquella taquería.

4. Oral Activity – Provide a few sets of three identical matching objects (pieces of fruit, baseballs, hats, etc.) Make sure the class can identify the objects in Spanish. Spread the objects around the room. Choose one student at a time to identify which object s/he wants by pointing to it and using a demonstrative adjective. (**Quiero/Me gusta aquella naranja.**) The instructor should make the student repeat the statement by "mistakenly" offering the wrong object. The conversation would sound like this:

Student: **Me gusta aquella banana** (pointing to it).
Instructor: **¿Esta banana?** (also pointing to a different one)
Student: **No, aquella banana.**

Time Frames:

Section 1: 1–2 days	**Section 5:** 4–6 days
Section 2: 1–24 days	**Section 6:** 2–3 days
Section 3: 3–5 days	**Section 7:** 2–4 days
Section 4: 2–3 days	**Section 8:** 2–4 days

Bellringers:

1. Flashcards, flashcards, flashcards. Use them at the opening of every class in order to practice vocabulary.

2. Hand out mini-quizzes as students enter the room or prepare to work. Give them five minutes to work (make it a short quiz). The quiz should consist of changing infinitives to reflexive forms. Have students exchange and grade each other's immediately after. This can also be done with the demonstrative adjectives. The quiz is a short list of personal care items and the students have to write the agreeing adjective in front of each item.

3. Make up a large calendar and have it ready (on the board before class). Label each day of the week with a particular type of weather. (Distribute suns, clouds, snowflakes, etc. over the days of the month.) As each student enters the classroom, assign a date to that student. The student should be prepared to describe in Spanish the given weather for that date. For example, Student A is assigned Monday, March 5, which has a snowflake on it. His/her appropriate response would be **Nieva** or **Hace mal tiempo** or **Hace frío.**

4. Have a list of 15 or 20 Spanish vocabulary words on the board. Instruct a student to approach the board and erase a particular word. The instructor would speak English for this activity. For example, the instructor would say "Please erase "to enjoy." The student's correct response would be to erase "divertirse."

5. Have a stack of old magazines ready. Assign a personal care item or two to each student. Instruct the student to scavenge through the magazines for pictures of these items (bottles of shampoo, bars of soap, etc.) Once all items have been found, instruct students to inform the rest of the class as to what they found. (**Yo tengo un peine** or **Yo encuentro el jabón.**)

6. Hand out flashcards to the class as they walk in. Each card should have a reflexive infinitive (**bañarse**) and a subject pronoun (**ella**) written on it. Give students about a minute to figure out what form of the infinitive they need to create. Students may use their notes or texts. Randomly elicit verb forms from each student, either orally or written on the board.

7. Give each student enough (large) index cards to write all the forms of any reflexive verb—one form per card, and make sure everyone writes a different verb. Have students cut the cards apart, separating the pronoun and the verb ending from the stem (**me   bañ   o**). Shuffle the pieces up. Call out different subjects (**él, yo, María**, etc) and have students put the puzzle pieces together. Visually check each student's work, then randomly choose students to say to the rest of the class what form they made. This activity could be modified to practice the formation of adverbs. Just have students choose a few feminine adjectives, cut the feminine endings off and have a -**mente** card. You may want to limit the choice of adjective to 12 or 15. Save these cards for later use!

Optional Activities:

Section 2

1. Try to obtain a real passport. Show the class what the document looks like, explaining how it is used as an important means of identification, where it would be used when traveling (customs, etc.), the information contained within, and the meanings of the different stamps. Have the students make their own passports (using polaroid pictures). Have the students present their passports to you before entering class every day for a week. You can stamp them with any stamp as they enter.

2. Have the students create their own crossword puzzles using graph paper and this lesson's vocabulary. Assign a minimum of ten words. Spanish words should by used in the puzzle itself, while the English equivalents are used for the clues. Once the puzzles are completed, the students can exchange and complete each other's puzzles.

Section 3

1. Activity 3.14, page 16: Perform this activity out loud with the class, writing the answers on the board as they are correctly given. Then review the activity, once changing the responses into questions, once changing the responses to the negative. Perform this out loud, making changes on the board as you go.

Section 4

1. Have students create their own post cards on large index cards, ruled or unruled. Students may draw or use magazine pictures of the vacation destination of their choice. A note of five to eight complete Spanish sentences should be written on the back. Check all rough drafts before allowing students to write on the post cards. Encourage students to use as much of the new vocabulary as possible. You may wish to create a bulletin board of these cards when they are all completed.

Section 6

1. Have students draw and color their own maps of Spain. Or perhaps create topographical maps of Spain. Ask students to choose one city of interest and present a brief report to the class. The student may wish to research museums, shopping opportunities, nightlife, centers of learning, etc.

Teaching Strategies:

1. As with the other LIFEPACs, constant reinforcement of new vocabulary and grammar structures is needed. Each day pull out a few words and concentrate on reviewing them.

2. The concept of object pronouns is extremely difficult for the students to grasp. This sections needs to be reinforced in both English and Spanish. The students needs to be able to recognize the difference between the direct and indirect objects so that when they do use the pronoun they choose the correct one. Each day of this lesson give them four or five sentences and have them identify the direct and indirect objects. Visuals are good for helping reinforce this.

3. The placement of the object pronouns is another area which causes students difficulty. When writing this it is best to have the students draw arrows from the direct object to the place where the pronoun will go and place the pronoun on the arrow. This indicates the replacement word as well as its new location in the sentence.

4. It is important to reinforce the idea of **se + lo, la, los, las**. Tell them the double "l" – **le, los, le, lo**, etc. can be confusing and weaken the flow of the spoken word. The **se** de-emphasizes the "l" sound.

5. The prepositional pronouns are the same as the subject pronouns except **mí** and **ti**. This idea needs to be emphasized with the student. Again, the use of visuals will help this.

6. Idioms are one of the hardest concepts to get through to the students. They always want to translate directly. When introducing this lesson ask the students to think of idioms in English and you give them a couple and ask them to think of them literally. This will reinforce the concept of literal vs. real meaning.

Section 1

1. The students should be able to perform the conversation for you. They should be able to master this conversation in 3 days.

2. The new town vocabulary should be reinforced. Make paper plate collages attached to craft sticks and hand one to each student. Then the student can make a sales pitch or statement regarding his/her store.

3. Give each student a "shopkeeper" title and have them tell about their shop.

Section 2

1. This conversation should take two days to master and present.

2. Practice finding the indirect object in sentences. Remind students to look for "to/for whom."

Section 3

1. Identify the objects in sentences by asking "who/what receives the action?" for direct and "to/for whom/what the action is being done?"

2. Reinforce frequently the placement of the replacement pronouns in the sentences.

3. Practice **se lo/la/los/las.**

4. Give several examples of sentences formed using the infinitive and present progressive with the pronouns attached. Have the students add the accent marks.

Section 4

1. Review the prepositions by pointing out items and asking where they are in relation to other items.

2. Practice using the prepositional pronouns with the prepositions in the situations above.

Section 5

1. Review the vocabulary daily.

2. Write sentences on the board that can use one of these idioms to enhance the meaning of the sentence.

3. Have the students make up sentences after you give them a beginning such as:

En sábado, por lo general, yo _____ . or

Quiero _____ en lugar de _____ .

Section 6

1. Spanish culture is rich in history. Allow the students time to explore various topics in Spanish history. On the internet or in the library, there is a wealth of information that the students can explore and bring back to the class.

2. Assign each student a topic to present to the class. Included could be such areas as: a cooking project, a book report, a craft project such as making a replica of the palacio nacional or Don Quixote's suit of armor.

Sections 7 & 8

1. Review the information presented in this LIFEPAC as well as LIFEPAC 8. Reinforce where students seem to be having trouble.

Time Frames:

Section 1: 2–4 days	**Section 5:** 2–4 days
Section 2: 2–4 days	**Section 6:** 2–4 days
Section 3: 3–5 days	**Section 7:** 2–3 days
Section 4: 2–4 days	**Section 8:** 2–3 days

The number of days may increase or decrease, depending on the proficiency of the students as well as the amount of "extra" material you choose to do. I recommend doing at least two of the optional activities for each lesson. These may be done as part of the lesson or as a review prior to taking the LIFEPAC Test.

Optional Activities:

Section 1

1. Prepare a conversation using as many object pronouns as you can.

2. Prepare an oral presentation using the following guidelines:
   a. You are going shopping downtown.
   b. State what you are going to buy.
   c. State for whom you are going to buy it and why.

3. Make a Christmas list for your extended family who happens to run all the shops in town. State what you are going to buy for each and why.

4. Write a series of English sentences on the board that have both direct and indirect objects in them and have the students identify which is which and which pronoun they would use to replace it. For example: Mike buys food for his cat. "Food" is direct (**la comida – la**) and "for his cat" is indirect (**le**).

Section 3

1. Make flash cards of the direct and indirect object pronouns. Write a sentence on the board that has both the direct and indirect object. Have the students go to the board and place the object pronouns over the noun they will replace and them move it to it's new location. If it requires changing to the se form have the person with that card come to the board and replace the person with the other pronoun or have se written on the opposite side of the card.

2. Practice decoding direct and indirect objects in sentences until the students have them separated. This may be done with English or Spanish sentences.

3. Write mixed up sentences on the board and have the students rearranged the words to make a sentence. Then replace any objects and put them in the correct place.

Section 4

1. Using a small ball have a student place the ball in a "prepositional" position and have another student say where it is. Do this until each student has a turn.

2. Play **¿Dónde está _____ ?** and ask where certain things are. Students have to use a preposition and a pronoun to answer.

Section 5

1. Make flash cards to review each group.

2. Choose five different idioms, one from each group. Put one word each on separate cards and have the students put them together in their idiom forms and state what they mean.

3. Make a statement or ask a question that would require one of the idioms in the answer.

Section 6

1. Look up one of the regions and prepare a written or oral report on that region.

2. Look up one of the following cultural events customary in Spain.
    a. The bullfight
    b. Holy Week (especially in Seville)
    c. The Fiesta de San Fermín
    d. The influence of the Moors (Arabs)
    e. Carnival (Carnaval)
    f. All Souls' Day
    g. El dos de Mayo
    h. Día de la Raza
    i. Typical dances: **flamenco, bolero, fandango, jota, sardana**
    j. Typical foods: **paella, arroz con pollos, cocido** or **menestra, horchata, chocolate**

3. Prepare a typical Spanish meal

4. Research some "heroes" of Spain: El Cid, Pelayo, Don Quixote

5. Learn a Spanish song or dance and share it with the class (libraries often have this material).

Section 7

1. Have the students create their own Hispanic village. Assign each student a building to create and then put them together to make the village.

2. Using old magazines, have the students find pictures of items sold in one particular

shop. Prepare a collage and then they can prepare an advertisement or introduction of themselves as the shopkeepers and their store.

3. Place several students (or use paper dolls) in particular spots around the room. Ask the students to identify by pointing and stating who is around them, using the prepositions and the prepositional pronouns. For example: **Luis está delante de mí y al lado de él.**

4. Give each student to prepositional idioms and have them try to create a sentence using them. For example: **Con permiso** (excuse me) and **en punto** (exactly), **Con permiso, tengo que estar en casa a las cinco en punto.** (Excuse me, I have to be at home at exactly 5:00.)

5. Make a small "Jeopardy" type board using the vocabulary. Have one category as idioms with **a**, or idioms with **por**, or "food stores," or miscellaneous stores. Give the clues in either English or Spanish.

Teaching Strategies:

In this LIFEPAC, Sections 1–5 review the material presented in LIFEPACS 6–9. It shows how to use the material in natural settings. Each of these five lessons should take between 3 and 6 days to review. It is best to do one section of each lesson on one day. Do not try to cover more than two in one day, with one being optimal. This gives the student time to refresh and remember. If the student struggles with a certain topic, return to the previous LIFEPAC where that topic is located and review it.

For Sections 6 and 7 the material presented is realia, or actual material found "out there." The student will need approximately 5–7 days to do each of these two lessons. It would be best to do one or two of the activities a day and then one for "homework." Many of the activities in Section 6 come with an actual passage and then the task for the student to create a similar passage of his/her own. It is important for the student to use these activities as ways to put their knowledge to use creating their own material. This gives practice in using the language. In Section 7 many of the activities require the student to speak to another person. It is imperative that the student have someone there to listen to the activity. This will help the student build confidence in speaking Spanish out loud.

The internet section is given as an example of ways to present the Spanish language in its natural setting to the student. If you do not have a computer perhaps your public library has one available, or there are shops that offer computer time. It would be beneficial to the student to try this. Sites on the internet are continually changing and the ones presented here are just a few of those that were available as of 1/99. But as will all net surfing, adult guidance is highly recommended.

All the self tests in this LIFEPAC are orally based. The student is required to prepare a presentation and then present it to another person. While the activity may also be written out as well, it would be more beneficial to the student to prepare an oral performance.

Bellringers:

Section 1

1. Ask the student to name several activities that could be done in various vacation locations such as **la playa, las montañas, una ciudad grande o un parque nacional.**

2. Have several places named on a card and ask the student what the weather is in that place in a particular month.

3. Using 3x5 cards, place each of the subject pronouns (**yo, tú, él, ella, Ud., nts., ellos, ellas** and **Uds.**) on a separate card. Then place an **ar** verb such as **comprar** or **estudiar**

on another card, an **er** verb such as **comer** or **beber**, and an **ir** verb such as **vivir** and **subir** on it. Give each student a verb card, hold up a subject card and have the student tell you the correct form. Or you may give them the subject card and hold up the verb card.

4. Cut out pictures out of magazines of people doing actions of verbs the student knows. Have the student state what the person is doing at that moment using the present progressive tense.

Section 2

1. Use pictures of people involved in different occupations and ask the student to identify the occupation.

2. Put the subject pronouns on a card (one for each) and the reflexive pronouns on different cards (one for each) and then using the list of reflexive verbs, have the student place the correct subject card with the correct reflexive card and then conjugate the verb to go with the subject.

3. Using pictures, have the students say which parts of the picture would be described using **ser** (identification) or **estar** (state or condition).

4. Use the same pictures and have the students create two or three sentences which describe the pictures, having them see how many descriptive and quantity adjectives they can use.

Section 3

1. Use the grocery ads from the paper to point out various food items and have the student give the Spanish name for the item.

2. Write five large numbers on the board or paper and have the students write them out.

3. Move an object around the room and ask the students to identify its location using the prepositional pronouns.

Section 4

1. On several cards write three sentences, one word per card, and have the students place the sentences in the proper order. Each sentence should include a direct object. On the back of the direct object card should be the pronoun that should replace it. The first time, have the student order the sentence with the direct object. Then have the student reorder the sentence using the object pronoun.

2. Do the same as above only have a direct and indirect object in the sentence.

3. Have the students point out objects in the room stating where "this, that, these or those" objects are, using the demonstrative adjectives and the object pronouns.

Section 5

1. Using magazine pictures of people doing something have the student say that they know that person and that person knows how to do whatever the activity is.

2. Create three shoes, one for **e-ie**, one for **o-ue** and one for **e-i**. Include a ball of some sort that the shoe kicks. Have the students conjugate the verbs **pensar (e-ie)**, **poder (o-ue)** and **pedir (e-i)**, placing the correct forms in the correct place on the shoe or ball.

3. Use classroom objects to have the student identify whose object is whose, using the possessive adjective that agrees with the person owning the object. For example:

Maria tiene su libro or Yo tengo mis papeles.

Sections 6 & 7

You may use one of the activities as a Bellringer each day.

Section 8

This is a good time to get on the internet and look up other Hispanic customs, people or countries and explore. This activity could be designed by you. For example:

1. Go to the website **www.weather.com** and scroll down the page to the Spanish site. Click on this.

2. Find out the weather in Costa Rica today (or any other country).

1. Respond appropriately to these questions. (2 pts. each)

    a. ¿Cómo está Ud.?_____

    b. ¿Cómo te llamas? _____

    c. ¿De dónde eres? _____

    d. ¿Cómo están Uds. _____

    e. ¿Qué hay de nuevo? _____

2. List three reasons to study a foreign language. (2 pts. each)

    1._____

    2._____

    3._____

3. List occupations where knowledge of a foreign language is helpful. (2 pts. each)

    1. _____   2. _____

4. Identify the parts of speech and give an English example of each part. (2 pts. each)

    a. verb: _____   _____

    b. preposition: _____   _____

    c. noun:_____   _____

    d. pronoun: _____   _____

    e. adverb:_____   _____

5. What are three new punctuation marks? (1 pt. each)

    a._____

    b._____

    c._____

6. Write out the spelling for the following words. (2 pts. each)

    a. correr _____

    b. enseñar _____

    c. chico _____

    d. jaula _____

    e. llave _____

7. Divide these words into syllables and underline the stressed syllable. (2 pts. each)

    a. j u n t o s   d. p a l a b r a

    b. d e c i d i r   e. o c t u b r e

    c. a l r e d e d o r

8. Which form of "you" would you use for the following people? (2 pts. each)

    a. A good friend _____

    b. A group of classmates_____

    c. Your pastor _____

    d. Your cat _____

    e. A group of adults. _____

9. Fill in the blanks in the dialogue that could logically complete the sentence. (2 pts. each)

    a. Luis: ¡Buenos días! _____ estás?

       Tomás: ¡Hola!   Bien, _____ ¿Y tú?

       Luis: Así, así.

    b. Mario: ¡Hola! Me _____ Mario. ¿Y tú?

       Carina: Me llamo Carina. ¿De _____ eres?

       Mario: _____ Ecuador. ¿Y tú?

       Carina: Soy de Chile.

10. What are the capitals of the following countries? (2 pts. each)

    a. Chile_____

    b. Guatemala _____

    c. La Argentina_____

    d. España_____

    e. Nicaragua _____

    f. El Perú_____

    g. Paraguay _____

    h. Bolivia_____

    i. Ecuador_____

    j. Uruguay _____

    k. Costa Rica _____

    l. Venezuela_____

    m. Honduras_____

    n. Puerto Rico _____

    o. Mexico_____

82 / 103	Score _____
	Teacher check _____
	Initial Date

1. Write out the numbers for the following math problems. (15 pts. – 1 pt. for each number and 1 pt. for each math function)

    a 5 + 2 = 7 _____

    b. 3 + 1 = 4 _____

    c. 9 – 1 = 8 _____

2. Identify the following objects. (1 pt. each)

    a.   **b.**   **c.**    **d.**

    e.    **f.**    **g.**   **h.**

    i.    **j.**

    a. _____   f. _____

    b. _____   g. _____

    c. _____   h. _____

    d. _____   i. _____

    e. _____   j. _____

3. Which form of "you" would you use with the following people? (1 pt. each)

    a. Sr. Montero _____

    b. Mariana_____

    c. your brothers _____

    d. Sr. and Sra. Sanchez _____

    e. your teacher _____

    f. your younger friend _____

    g. your friend's mother _____

h. your cat_____

i. your friends _____

j. a sister_____

4.   Which subject pronoun would you use to represent the following people? (1 pt. each)

a. Thomas _____

b. yourself_____

c. Mr. Gomez_____

d. adults you are talking to_____

e. your pastor _____

f. talking to your father_____

g. your sisters (female)_____

h. you and a friend_____

i. your brothers (male)_____

j. Teresa_____

5.   Rewrite the following statements into yes/no questions using inversion. (1 pt. each)

a. Marta escucha a la profesora.

b. Los estudiantes estudian la geografía.

c. Tú trabajas con Miguel.

d. Uds. necesitan los libros.

e. Ud. lleva la bandera.

6.   Rewrite the following statements into yes/no questions using **¿no?** (1 pt. each)

a. Mario regresa.

b. Tú hablas francés.

c. Silvia y Juan estudian la religión.

d. Carlos y yo explicamos la lección.

e. Yo busco el diccionario.

7. Rewrite the following statements into yes/no questions using **¿verdad?** (1 pt. each)

   a. Alfredo mira la pizarra.

   b. Tú llevas la mochila.

   c. Yo pago por el libro.

   d. Nosotros cortamos el papel.

   e. Uds. contestan a la profesora.

8. Answer the following questions negatively. (1 pt. each)

   a. ¿Estudias tú la física?

   b. ¿Lleva Ud. los libros?

   c. ¿Caminan Uds. a la escuela?

   d. ¿Viajas a Mexico?

   e. ¿Practican ellos la música?

9. Fill in the blank with the correct form of the verb in parentheses. (1 pt. each)

   a. Yo _____ la clase. (visitar)

   b. Teresa y yo _____ . (practicar)

   c. Tú _____ a la profesora. (preguntar)

   d. La profesora _____ matemáticas. (enseñar)

   e. Uds. _____ la pizarra. (mirar)

   f. Yo _____ una pluma. (necesitar)

   g. Laura y Graciela _____ a la clase. (llegar)

   h. Ud. _____ inglés bien. (hablar)

   i. Pablo _____ a la escuela. (caminar)

   j. David y Daniel _____ juntos. (trabajar)

10. Translate the following verb forms three ways. (9 pts. – 1 pt. each translation)

    a. estudio _____

    b. necesitamos _____

    c. terminas _____

11. Give the English for the following words. (1 pt. each)

    a. tomar _____   g. preguntar _____

    b. llevar _____   h. viajar _____

    c. comprar _____   i. hablar _____

    d. desear _____   j. contestar _____

    e. escuchar _____   k. visitar _____

    f. pagar _____

76 / 95

Score _____

Teacher check _____
                Initial   Date

1. Write out the following equations. (2 pts. each)
    a. 12 +13 = 25
    b. 31 – 17 = 14
    c. 28 – 9 = 19
    d. 11 + 16 = 27
    e. 29 – 7 = 22

2. Use the list below to identify in which room the following articles usually go. Some may be used in more than one room. (1 pt. each)

    la sala   la cocina el dormitorio   el comedor   el cuarto de baño   el garaje

    a. el retrete _____   i. la mesa_____

    b. la lámpara _____   j. el espejo_____

    c. las herramientas _____   k. el sofá_____

    d. la mesita _____   l. la estufa_____

    e. el sillón _____   m. el coche _____

    f. la mesa de noche_____   n. la silla_____

    g. el lavabo _____   o. el armario_____

    h. la cama_____

3. Identify the family member described. (1 pt. each)
    a. el padre de mi primo es mi _____
    b. la hija de mi abuelo es mi _____
    c. la madre de mi padre es mi _____
    d. el hijo de mi tío es mi _____
    e. la hija de mi madre es mi _____

4. Write out the following times. (2 pts each)
    a. 2:45 PM _____
    b. 8:25 PM _____
    c. 1:05 AM _____
    d. 12:00 AM _____
    e. 7:30 AM _____

5. Write out the following dates. (2 pts each)
    a. Friday, January 14_____

    b. Tuesday, June 28 _____

    c. Sunday, September 1 _____

    d. Thursday, April 4 _____

    e. Wednesday, February 9 _____

6.   Fill in the blank with the correct form of the verb in parentheses. (2 pts. each)

    a. Yo _____ la clase. (dividir)

    b. Nts. _____ historia. (descubrir)

    c. Tú _____ el traje. (coser)

    d. Los chicos _____ los libros. (abrir)

    e. Luis _____ Pepsi. (beber)

    f. La profesora _____ las notas. (escribir)

    g. Yo _____ escuchar. (prometer)

    h. El niño _____ el lápiz. (romper)

    i. Tú _____ el español. (aprender)

    j. La clase _____ el concierto. (asistir)

    k. Mi hermana _____ buenas notas. (recibir)

    l. Mis abuelos _____ inglés. (comprender)

    m. Mi primo y yo _____ en Madrid. (vivir)

    n. Tú _____ a las seis. (partir)

    o. Uds. _____ la Biblia. (leer)

7.   Answer the following questions in complete Spanish sentences. (2 pts. each)

    a. ¿A qué hora partes para la escuela?

    b. ¿Quién escribe por la pizarra?

    c. ¿Cuándo respondes a la profesora?

    d. ¿Dónde comen Uds. la comida?

    e. ¿Qué aprenden los estudiantes?

f. ¿Cuál lees el español o la historia?

g. ¿Por qué asisten los estudiantes a las clases?

h. ¿Cómo escribe Anita?

i. ¿Vende tu hermana su bicicleta?

j. ¿Prometes responder pronto?

80 / 100

Score _____

Teacher check _____
Initial   Date

129

Spanish I Alternate Test – LIFEPAC Four

1. Fill in the blank with the correct form of **estar**. (1 pt. each)

   a. Yo _____ triste.

   b. Marco _____ al cine.

   c. Tú _____ enfermo.

   d. Los estudiantes _____ bien.

   e. Paco y yo _____ al correo.

2. Fill in the blank with the correct form of **ir**. (1 pt. each)

   a. Tú _____ a la iglesia.

   b. Uds. _____ a la escuela.

   c. Nts. _____ a visitar a Luis.

   d. El Sr. Carón _____ al hotel.

   e. Yo _____ a comer.

3. Fill in the blank with the correct form of the adjective in parentheses. (1 pt. each)

   a. Maria es _____ . (rubio)

   b. Mi madre es muy _____ . (paciente)

   c. Los estudiantes son _____ . (inteligente)

   d. Paco está _____ . (enfermo)

   e. La clase es _____ . (aburrido)

   f. Los libros son _____ . (divertido)

   g. Las lecciones son _____ . (interesante)

   h. El cielo es _____ . (azul)

   i. Las tareas son _____ . (nuevo)

   j. Los actores son _____ . (joven)

4. Answer the following questions in the negative, using **no**, **nada** or **nunca**. (5 pts. each)

   a. ¿Cuándo el Sr. Villar asiste al concierto?

   b. ¿Qué lees ahora?

   c. ¿Compras algo?

d. ¿Viajan Uds. a Venezuela?

e. ¿Ayuda Raúl al Sr. Ayala?

f. ¿Qué escribes?

5. Fill in the first blank with the correct form of **a** + the definite article and the second with **de** + the definite article. (1 pt. each blank)

a. Voy _____ correo para mandar las cartas _____ Sr. Chinchón.

b. Vamos _____ biblioteca para los libros _____ historia.

c. Van _____ tiendas para comprar unas cosas _____ fiestas.

d. Va _____ escuela para estudiar las lecciones _____ pasado.

e. Vas _____ museos para ver las obras _____ pintores famosos.

6. Fill in the blank with the correct form of **ser** or **estar**, whichever is correct for the sentence. (1 pt. each)

a. Yo _____ estudiante.

b. Luis y yo _____ a la oficina.

c. Tú _____ de Colombia.

d. Nts. _____ amigos.

e. Ud. _____ bien.

7. Write out the following numbers. (1 pt. each)

a. 34 _____

b. 58 _____

c. 67 _____

d. 81 _____

e. 72 _____

8.   Read the following paragraphs and answer the questions after. (3 pts. each)

Hola, me llamo Rafel Diaz. Vivo con mi familia en el pueblo de Salinas. Mi pueblo es muy bonito. Las personas son muy simpáticas. Los restaurantes preparan comida deliciosa. Vamos al Restaurante Sanzón cada viernes. Después del restaurante, caminamos por el parque. Hablamos con los amigos que pasan. Visitamos al Sr. Ruiz al correo. Recibimos cartas del Tío Luis o mi primo, Pablo. Viven en la ciudad. Mi tio Luis es piloto al aeropuerto. Y mi Tía es programadora de computadoras a una companía grande.

Entramos en la tienda. Mi padre desea buscar un nuevo mapa de México. El viaja mucho en su trabajo como periodista. Algunas veces mi madre va con él porque ella es una fotógrafa excelente. Cuando ellos viajan, mi hermano Paco y yo visitamos a nuestros abuelos. Es divertido visitar a los abuelos. Mi abuelo es veterinario y hay muchos animales a su casa. Mi abuela es escritora y hay una biblioteca en la casa donde hay muchos libros interesantes. Mi familia es muy buena.

a. ¿Dónde vive esta familia?

b. ¿Qué preparan los restaurantes?

c. ¿Cómo se llama el restaurante donde comen?

d. ¿Dónde caminan después de comer?

e. ¿Cuál es el profesión del Tío Luis?

f. ¿Dónde viven sus tíos?

g. ¿Por qué necesita su padre un mapa?

h. ¿Por qué su madre viaja con su padre?

i. ¿Dónde pasan el tiempo los hermanos?

j. ¿Por qué hay muchos animales en la casa de su abuelo?

80 / 100

Score _____

Teacher check _____
                        Initial   Date

1. Identify what the following people are wearing. (3 pts. each)

    a.　　　　b.　　　　c.　　　　d.　　　　e.

    a. _____

    b. _____

    c. _____

    d. _____

    e. _____

2. Identify the sport in the each of the following pictures. (1 pt. each)

    a.　　　　b.　　　　c.　　　　d.　　　　e.

    a. _____

    b. _____

    c. _____

    d. _____

    e. _____

3. Translate the following to Spanish. (3 pts. each)

    a. I like to play tennis. _____

    b. We like the t-shirts. _____

    c. They like to eat lunch at the café. _____

   d. He likes baseball caps. _____

   e. You like to dream. _____

4.   Fill in the blank with the correct form of the shoe verb. (2 pts. each)

   a. Yo _____ a España   volar

   b. Nts. _____ los libros a la biblioteca.   devolver

   c. Tú _____ alir.   querer

   d. Los chicos _____ sus fotos   mostrar

   e. La profesora _____ la lección.   empezar

   f. Mi madre _____ la comida a la familia.   servir

   g. Gregorio y yo _____ el cuarto.   medir

   h. Geofredo _____ el fútbol   jugar

   i. Tú _____ en la cama.   dormir

   j. Ud _____ el problema.   entender

5.   Fill in the blank with the correct form of the verb. (2 pts. each)

   a. Yo _____ la respuesta.   saber

   b. Nts. _____ a la profesora de francés.   conocer

   c. Tú _____ el periódico   traer

   d. La familia _____ el cuento.   decir

   e. Ella _____ éxito.   tener

   f. Yo _____ el libro en la mochila.   poner

   g. Nts. _____ de la motocicleta.   caer

   h. Paco y Raúl _____ de Puerto Rico.   venir

   i. Yo _____ en dos horas.   salir

   j. Mi madre _____ la comida.   hacer

6. Fill in the blank with the correct form of the possessive adjective to agree with the subject. (2 pts. each)

    a. Yo no tengo _____ tarea.

    b. Paco mide _____ alcoba.

    c. Venimos a _____ casa.

    d. Los chicos caen de _____ bicicletas.

    e. Tú haces _____ sandwiches.

7. Decide which **tener** idiom would be helped by the following solution. (3 pts. each)

    a. Llevo un abrigo y los guantes. _____

    b. Comemos mucha comida. _____

    c. Duermes ocho horas. _____

    d. Nadan en la piscina. _____

    e. Bebe mucha agua. _____

80 / 100

Score _____

Teacher check _____
Initial   Date

1. Answer the questions with a food. (4 pts. each)

   a. ¿Qué comes para el desayuno?_____

   b. ¿Qué tomas con el almuerzo? _____

   c. ¿Qué prepara para la cena? _____

   d. ¿Cuál prefieres comer de postre? _____

   e. ¿Qué pone en el pan? _____

2. Under the columns write five foods eaten for those meals. (2 pts. each blank)

	1. el desayuno	**2. el almuerzo**	**3. la cena**
a.	_____	_____	_____
b.	_____	_____	_____
c.	_____	_____	_____
d.	_____	_____	_____
e.	_____	_____	_____

3. Write a body part used mainly for the following activities. (2 pts. each)

   a. escuchar _____

   b. comer _____

   c. dar un paseo_____

   d. ver_____

   e. escribir _____

4. Give the correct form of the verb for the subject given. (2 pts. each)

   a. yo_____ (conocer)

   b. nts. _____ (producir)

   c. él _____ (traducir)

   d. tú _____ (dar)

   e. Uds. _____ (ver)

5.   Write out the following numbers. (4 pts. each)

a. 345,872 _____

b. 97,561 _____

c. 498 _____

d. 3790 _____

e. 608 _____

6.   Identify the Spanish South American country. (2 pts. each)

a. A landlocked country noted for yerba mate _____

b. A long, narrow country _____

c. A melting pot noted for the Iguazú Falls _____

d. Sucre and La Paz are its two capitals _____

e. The smallest country _____

80 / 100

Score   _____

Teacher check   _____
                    Initial   Date

1.   Choose the form of the reflexive verb that agrees with the subject given. (2 pts. each)

   1. Marcos _____ a las ocho de la mañana.

   a. se desayunan   b. se desayuna   c. me desayuno

   2. Elena y tú _____ de peso juntas. Es más fácil.

   a. nos desayunamos   b. se desayuna   c. se desayunan

   3. A mí gusta _____ por la noche.

   a. bañarme   b. bañarte   c. bañarse

   4. La familia Gomez _____ de la fiesta para la casa.

   a. nos vamos   b. se va   c. se van

   5. Los estudiantes _____ antes de ir a la escuela.

   a. se arreglan   b. te arreglas   c. nos arreglamos

   6. Mi hermana y yo _____ frente al espejo.

   a. me cepillo   b. se cepilla   c. nos cepillamos

   7. Tienes que _____ temprano porque sales a las cinco.

   a. acostarse   b. acostarte   c. acostarnos

   8. Después de ducharme, consigo una toalla y _____ muy bien.

   a. secarme   b. me seco   c. te secas

   9. Mamá quiere que todos _____ los zapatos al entrar la casa.

   a. se quite   b. nos quitemos   c. se quiten

   10. Todos mis amigos y yo _____ en la cafetería.

   a. me almuerzo   b. nos almorzamos   c. se almuerzan

2.   Rewrite the sentences, changing the *reflexive verbs* to agree with the new subject that is shown in parentheses. (2 pts. each answer)

   a. Cuando *me preparo* para la escuela, *me baño, me maquillo y me desayuno*. Entonces, *me voy*.

   (**Nts.**) Cuando _____ para la escuela, _____ , _____ , y _____ . Entonces, _____ .

b. Tú tienes un mitín importante. Tienes que *vestirte* bien. Debes *ponerte* un traje fino, y *peinarte* muy bien. Es necesario *acostarte* temprano y *levantarte* temprano tambien para estar bien preparado.

(**Mi padre**) Tiene un mitín importante. Tiene que _____ bien. Debe _____ un traje fino, y _____ muy bien. Es necesario _____ temprano y _____ temprano tambien para estar preparado.

c. Ellos son muy cuidadosos de la salud. *Se ponen* a dietas muy sanas. Nunca *se aumentan* de peso. Por ejemplo, *se desayunan* de unas frutas y el cereal con la leche. Despues de *almorzarse, se pasean* cuando hace buen tiempo.

(**Yo**) Soy muy cuidadosa de la salud. _____ a dietas muy sanas. Nunca _____ de peso. Por ejemplo, _____ de unas frutas y el cereal con la leche. Despues de _____ , _____ cuando hace buen tiempo.

3. Change the demonstrative adjective in each group to agree with each noun in that group. (2 pts. each)

AQUELLA	**ESTE**	**ESOS**
_____ chicos	_____ escuelas	_____ tareas
_____ coche	_____ señores	_____ platos
_____ computadoras	_____ televisión	_____ joya
_____ mujer	_____ día	_____ (él) sofá

4. Translate the adverbs. Follow the model. (2 pts. each)

a. contento: happy   contentamente: _____

b. corto: short   cortamente: _____

c. enojado: angry   enojadamente: _____

d. cortés: courteous   cortesmente: _____

e. hábil: able   habilmente: _____

5. Change the adjectives to adverbs. Remember to make the adjective feminine before adding on **-mente**. (2 pts. each)

a. triste _____

b. ayudoso _____

c. desesperado _____

d. pesado _____

e. desilusionado_____

f. sorprendido _____

g. raro _____

h. extraño _____

i. deprimido _____

j. rápido _____

83 / 104

Score _____

Teacher check _____
Initial   Date

1. Write the forms of the progressive, as indicated. Be careful! All the following verbs are irregular or have spelling changes. (2 pts. each)

    a. leer   (tú)   _____

    b. ir   (yo)   _____

    c. caer   (nts.)   _____

    d. huir   (ellos)   _____

    e. creer   (Ud.)   _____

    f. oír   (Ustedes)   _____

    g. dormir   (ella)   _____

    h. preferir   (tú y yo)   _____

    i. poder   (la clase)   _____

    j. venir   (Alonso)   _____

2. **Write the English:** (2 pts. each)   **Write the Spanish:** (2 pts. each)

    a. La calle _____   the ticket _____

    b. El camino _____   to travel _____

    c. La avenida _____   the stop _____

    d. La acera _____   to go _____

    e. La estación _____   the traveler's check _____

3. Name, in Spanish, the place you would go in order to do these activities. Some answers may be used more than once. (2 pts. each)

    a. me gusta nadar _____

    b. me gusta esquiar _____

    c. me gusta ir de camping _____

    d. me gusta el arte _____

    e. me gusta ir en bote _____

    f. me gusta ir de compras _____

    g. me gusta pescar _____

    h. me gusta tomar el sol _____

      i. me gusta sacar fotos _____

      j. me gusta el alpinismo _____

4.   Translate into complete Spanish sentences. (2 pts. each)

    a. I like to go camping.

    b. I go to the station and I buy a ticket.

    c. They ride a horse in the country.

    d. Skiing costs a lot.

    e. You sunbathe on the beach.

5.   Fill in a direct object pronoun in order to complete the translations. (2 pts. each)

    a. She breaks them (m., pl.)   _____ rompe.

    b. They see you (friendly)   _____ ven.

    c. She hit me.   _____ golpeó.

    d. We buy them (f., pl.)   _____ compramos.

    e. You left us.   _____ salió.

6.   On a separate sheet of paper, write a letter of TEN complete Spanish sentences to a friend describing your vacation plans for the summer. You may state where you will go, any planned activities, with whom you are traveling and reasons why you chose this place. (2 pts. each sentence)

$$\frac{80}{100}$$

Score   _____

Teacher check   _____
                            Initial   Date

1. Write the name of the shop where the following items may be found. (3 pts. each)

    a. los dulces _____

    b. el helado _____

    c. el pan _____

    d. el pastel _____

    e. muchas cosas como sopa, pasta _____

    f. la carne _____

    g. los zapatos _____

    h. las flores _____

2. Translate to English. (3 pts. each)

    a. Paco me da cinco dólares._____

    b. Uds. nos preparan una comida deliciosa. _____

    c. Te traigo el pastel. _____

    d. Les enseño a ellos la lección. _____

    e. Le muestran a ella las fotos. _____

3. Translate to English. (3 pts. each)

    a. Samuel se lo da a ella. _____

    b. Vamos a traértelos._____

    c. Estás escribiéndomela. _____

    d. Nos las muestran Uds. _____

    e. Maria se la prepara para Ud._____

4. Translate to English (3 pts. each)

    1. dentro de ellos _____

    2. lejos de nosotros _____

    3. detras de él _____

    4. entre Uds._____

    5. a través de ella_____

5.   Fill in the blank with a word from the list. All will be used. (3 pts. each)

por lo general	**por fin**	**al**
con frecuencia	**en punto**	**a causa de**
de memoria	**en lugar de**	**a casa**
de moda		

a. Tenemos que aprender la lección

b. Compramos la ropa _____ .

c–d. Llegan _____ a las dos _____ .

e. _____ la hora, tenemos que salir.

f. El concierto comienza _____ . No quiero esperar más.

g. Compra la blusa roja _____ la blusa blanca.

h. La familia visita la playa _____ .

i. _____ llegar, encuentras a tus amigos.

j. _____ aprendemos mucho en la clase.

$\frac{77}{96}$

Score _____

Teacher check _____
                          Initial   Date

1. Match the following weather expressions to their icons. (5 pts. each)

a. 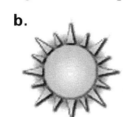 **b.**  **c.**  **d.**  **e.**

1. Hace mucho calor. No hace viento. _____

2. Llueve mucho. _____

3. Hace mal tiempo con nieva y niebla. _____

4. Hace buen tiempo. _____

5. Está nublado y nieva. _____

2. Write a five-sentence story about one of the following pictures. Make sure to tell a story and not just describe the picture. You may choose to use the entire picture or just a portion of it. Make sure to watch subject and verb agreement, adjective and noun agreement, spelling and word order. (10 pts. each sentence)

_____

_____

_____

_____

_____

_____

_____

_____

_____

3.   Look at the pamphlet on the previous page and answer the following questions.
      (5 pts. each)

1. ¿Qué tipo de servicios ofrecen? _____
        a. vacaciones
        b. dinero
        c. comida
        d. teléfono

2. ¿Cuántos desarollos tienen? _____
        a. dos
        b. doscientos
        c. dos mil quinientos
        d. cincuenta

3. ¿Qué ofrecen? _____
        a. a mejor selección
        b. la mejor precio
        c. el mejor servicio
        d. a,b, y c

4. ¿Entre cuáles dos sitios está situada esta oficina? _____
        a. McDonald's y Exxon
        b. Dunkin' Donuts y Haagen Daaz
        c. Wet n' Wild y The Fredidian
        d. Marriott y Ripley's

5. ¿Cuáles horas están abierto? _____
        a. de las nueve de la mañana a las ocho de la noche.
        b. de las nueve de la mañana a las nueve de la noche.
        c. de las nueve de la noche a las ocho de la mañana.
        d. de las ocho de la mañana a las nueve de la noche.

60 / 75

Score _____
Teacher check _____
                     Initial   Date

1. Answers will vary.

2. Answers will vary. See page 1 of the LIFEPAC.

3. Suggested answers, any order:
   1. international corporate worker
   2. social services worker
   3. teacher

4. a. an action or state of being
   b. a word that indicates the relation of a noun to a verb, adjective or another noun
   c. a person, place, thing or idea
   d. a word that takes the place of a noun
   e. a word used to describe an adjective or a verb
   (English examples will vary.)

5. Any three, any order:
   a. accent (é)
   b. tilde (~)
   c. ¡
   d. ¿
   e. dieresis (ü)

6. a. ce – o – erre – e – ere
   b. e – ene – ese – e – eñe – a – ere
   c. che – i – ce – o
   d. hota – a – u – ele – a
   e. elle – a – ve – a

7. a. <u>jun</u> – tos
   b. de – ci – <u>dir</u>
   c. al – re – de – <u>dor</u>
   d. pa – <u>la</u> – bra
   e. oc – <u>tu</u> – bre

8. a. tú
   b. Uds.
   c. Ud.
   d. tú
   e. Uds.

9. a. Como
      gracias
   b. llamo
      dónde
      Soy de

10. a. Santiago
    b. Guatemala City
    c. Buenos Aires
    d. Madrid
    e. Managua
    f. Lima
    g. Asunción
    h. La Paz/Sucre
    i. Quito
    j. Montevideo
    k. San José
    l. Caracas
    m. Tegucigalpa
    n. San Juan
    o. Mexico City

1. a. cinco y dos son siete
    b. tres y uno son cuatro
    c. nueve menos uno son ocho

2. a. tres mochilas
    b. dos carteles
    c. cinco banderas
    d. ocho lapices
    e. cuatro gomas
    f. una profesora
    g. nueve libros
    h. seis estudiantes
    i. diez cuadneros
    j. siete reglas

3. a. Ud.
    b. tú
    c. Uds.
    d. Uds.
    e. Ud.
    f. tú
    g. Ud.
    h. tú
    i. Uds.
    j. tú

4. a. él
    b. yo
    c. él
    d. Uds.
    e. Ud.
    f. tú
    g. ellas
    h. nosotros
    i. ellos
    j. ella

5. a. ¿Escucha Marta a la profesora?
    b. ¿Estudian los estudiantes la geografia?
    c. ¿Trabajas tú con Miguel?

d. ¿Necesitan Uds. los libros?
e. ¿Lleva Ud. la bandera?

6. a. Mario regresa, ¿no?
    b. Tú hablas francés, ¿no?
    c. Silvia y Juan estudian la religión, ¿no?
    d. Carlos y yo explicamos la lección, ¿no?
    e. Yo busco el diccionario, ¿no?

7. a. Alfredo mira la pizarra, ¿verdad?
    b. Tú llevas la mochila, ¿verdad?
    c. Yo pago por el libro, ¿verdad?
    d. Nosotros cortamos el papel, ¿verdad?
    e. Uds. contestan a la profesora, ¿verdad?

8. a. visito
    b. practicamos
    c. preguntas
    d. enseña
    e. miran
    f. necesito
    g. llegan
    h. habla
    i. camina
    j. trabajan

9. a. I study, I do study, I am studying
    b. we need, we do need, we are needing
    c. you end, you do end, you are ending

10. a. to take   f. to pay
    b. to carry, wear   g. to ask a question
       or take   h. to travel
    c. to buy   i. to speak
    d. to wish   j. to answer
    e. to listen   k. to visit

1. a. doce y trece son veinte y cinco
       (veinticinco)
    b. treinta y uno menos diez y siete
       (diecisiete) son catorce
    c. veinte y ocho (veintiocho) menos
       nueve son diez y nueve (diecinueve)
    d. once y diez y seis (dieciséis) son
       veinte y siete (veintisiete)
    e. veinte y nueve (veintinueve) menos
       siete son veinte y dos (veintidós)

2. a. el baño
    b. la sala, el dormitorio
    c. el garaje
    d. la sala
    e. la sala
    f. el dormitorio
    g. el cuatro de baño
    h. el dormitorio
    i. el comedor, la cocina
    j. el dormitorio
    k. la sala
    l. la cocina
    m. el garaje
    n. el comedor, la cocina
    o. el dormitorio

3. a. tío
    b. madre o tía
    c. abuela
    d. primo
    e. hermana

4. a. Son las tres menos cuarto de la
       tarde.
    b. Son las ocho y veinte y cinco de la
       noche.
    c. Es la una y cinco de la madrugada.
    d. Es la medianoche.
    e. Son las siete y media (treinta) de la
       mañana.

5. a. viernes, el catorce de enero
    b. martes, el veinte y ocho (veintiocho)
       de junio
    c. domingo, el primero de septiembre
    d. jueves, el cuatro de abril
    e. miércoles, el nueve de febrero

6. a. divido
    b. descubrimos
    c. coses
    d. abren
    e. bebe
    f. escribe
    g. prometo
    g. rompe
    h. aprendes
    i. asiste
    j. recibe
    k. comprenden
    l. vivimos
    m. partes
    n. leen

7.   Answers will vary.

151

1. a. estoy
   b. está
   c. estás
   d. están
   e. estamos

2. a. vas
   b. van
   c. vamos
   d. va
   e. voy

3. a. rubia
   b. paciente
   c. inteligentes
   d. enfermo
   e. aburrida
   f. divertidos
   g. interesantes
   h. azul
   i. nuevas
   j. jovenes

4. a. ¿No asiste nunca al concierto?
   b. No leo nada ahora.
   c. No compro nada.
   d. No viajamos a Venezuela (nunca).
   e. No ayuda al Sr. Ayala (nunca).
   f. No escribo nada.

5. a. al, del
   b. a la, de la
   c. a las, de las
   d. a la, del
   e. a los, de los

6. a. soy
   b. estamos
   c. eres
   d. somos
   e. está

7. a. treinta y cuatro
   b. cincuenta y ocho
   c. sesenta y siete
   d. ochenta y uno
   e. setenta y dos

8. a. Vive en el pueblo de Salinas.
   b. Preparan comida deliciosa.
   c. Se llama el Restaurante Sanzón.
   d. Caminan por el parque.
   e. Es piloto.
   f. Viven en la ciudad grande.
   g. Viaja en su trabajo como periodista.
   h. Porque es fotógrafa excelente.
   i. Pasan el tiempo con los abuelos.
   j. Es veterinario.

1. Answers may vary. Examples are given:

   a. Lleva una blusa, una falda y los zapatos. (She is wearing a blouse, skirt and shoes.)

   b. Lleva un abrigo, un sombrero y unas botas. (He's wearing an over-coat, hat and boots.)

   c. Lleva un traje de baño, unas san-dalias, y unos anteojos de sol. (He is wearing a bathing suit, sandals and sunglasses.)

   d. Lleva un vestido, un suéter y unos zapatos. (She is wearing a dress, sweater and shoes.)

   e. Lleva los blue jeans, una camiseta y zapatos de tenis. (He is wearing jeans, a t-shirt and sneakers.)

2. a. el tenis
   b. la natación
   c. el fútbol
   d. el basquetbol
   e. el esquí

3. a. Me gusta jugar el tenis.
   b. Nos gustan las camisetas.
   c. Les gusta almorzar al café.
   d. Le gustan las gorras de beísbol.
   e. Te gusta soñar.

4. a. vuelo
   b. devolvemos
   c. quieres
   d. muestran
   e. empieza
   f. sirve
   g. medimos
   h. juega
   i. duermes
   j. entiende

5. a. sé
   b. conocemos
   c. traes
   d. dice
   e. tiene
   f. pongo
   g. caemos
   h. vienen
   i. salgo
   j. hace

6. a. mi
   b. su
   c. nuestra
   d. sus
   e. tus

7. a. Tengo frío.
   b. Tenemos hambre.
   c. Tienes sueño.
   d. Tienen calor.
   e. Tiene sed.

1. Answers will vary.
   a. (breakfast foods)
   b. (a drink with lunch)
   c. (dinner foods)
   d. (a dessert food)
   e. la mantequilla, la mermelada

2. Answers will vary.

3. Suggested answers given.
   a. las orejas
   b. la boca, los dientes, el estómago
   c. los pies, las piernas
   d. los ojos
   e. las manos

4. a. conozco
   b. producimos
   c. traduce
   d. das
   e. ven

5. a. trescientos cuarenta y cinco mil, ochocientos setenta y dos
   b. noventa y siete mil, quinientos sesenta y uno
   c. cuatrocientos noventa y ocho
   d. tres mil setecientos noventa
   e. seiscientos ocho

6. a. Uruguay
   b. Chile
   c. Argentina
   d. Bolivia
   e. Ecuador

1. 1. b
    2. c
    3. a
    4. b
    5. a
    6. c
    7. b
    8. b
    9. c
    10. b

5. a. tristemente
    b. ayudosamente
    c. desesperadamente
    d. pesadamente
    e. desilusionadamente
    f. sorprendidamente
    g. raramente
    h. extrañamente
    i. deprimidamente
    j. rapidamente

2. a. (**Nts.**) Cuando *nos preparamos* para la escuela, *nos bañamos, nos maquillamso,* y *nos desayunamos*. Entonces, *nos vamos*.

    b. (**Mi padre**) Tiene un mitín importante. Tiene que *vestirse* bien. Debe *ponerse* un traje fino, y *peinarse* muy bien. Es necesario *acostarse* temprano y *levantarse* temprano tambien para estar bien preparado.

    c. (**Yo**) Soy muy cuidadosa de la salud. *Me pongo* a dietas muy sanas. Nunca *me aumento* de peso. Por ejemplo, *me desayuno* de unas frutas y el cereal con la leche. Despues de *almorzarme, me paseo* cuando hace buen tiempo.

3.

Aquella	Este	Esos
aquellos	estas	esas
aquel	estos	esos
aquellas	esta	esa
aquella	este	ese

4. a. happily
    b. shortly
    c. angrily
    d. courteously
    e. ably / aptly

1.
   a. estás leyendo
   b. estoy yendo
   c. estamos cayendo
   d. están huyendo
   e. está creeyendo
   f. están oyendo
   g. está durmiendo
   h. estamos prefiriendo
   i. está pudiendo
   j. está viniendo

2.
   a. the street, el billete
   b. the road, viajar
   c. the avenue, la parada
   d. the sidewalk, ir
   e. the station, el cheque viajero

3.
   a. la playa
   b. las montañas
   c. el campo
   d. el museo
   e. el mar
   f. la ciudad
   g. el mar
   h. el mar/la playa
   i. (really, any answer is OK)
   j. las montañas

4.
   a. Me gusta ir de camping.
   b. Yo voy a la estación y compro un billete.
   c. Ellos montan a caballo en el campo.
   d. Esquiar cuesta mucho.
   e. Tomas (toma) el sol a la playa.

5.
   a. Los
   b. Te
   c. Me
   d. Las
   e. Nos

6.
   Instructor – Grade this composition based on two properties: grammatical correctness and adherence to the assigned theme.

1. a. la dulcería
    b. la heladería
    c. la panadería
    d. la pastelería
    e. el mercado
    f. la carnicería
    g. la zapatería
    h. la florería

2. a. Paco gives me five dollars.
    b. You are preparing us a delicious meal.
    c. I am bringing you a pastry.
    d. I am teaching them the lesson.
    e. They are showing her the pictures.

3. a. Samuel is giving it to her.
    b. We are going to bring it to them.
    c. You are writing it to me.
    d. You are showing them to us.
    e. Maria prepares it for you.

4. a. inside of them
    b. far from us
    c. behind him/it
    d. among/between you
    e. across from her/it

5. a. de memoria
    b. de moda
    c-d. a casa, en punto
    e. A causa de
    f. por fin
    g. en lugar de
    h. Al
    i. Por lo general

1. 1. d
    2. c
    3. e
    4. b
    5. a

2. Answers will vary. Make sure subject-verb agreement, adjective-noun agreement, spelling and word order are all correct.

3. 1. a
    2. c
    3. d
    4. b
    5. d

SECTION ONE

1.1 Answers will vary according to student perspective. Any of the items on page 1 under "Did you know…" are acceptable.

1.2 Suggested answers, any order:
a. international corporate worker
b. social services worker
c. teacher

1.3 Adult check

1.4 Adult check

1.5 a. actor, noun
b. accident, noun
c. visit, verb
d. enter, verb
e. ordinary, adjective
f. vanilla, noun
g. class, noun
h. person, noun
i. professor, noun
j. television, noun
k. intelligent, adjective
l. fruit, noun
m. bicycle, noun
n. garage, noun
o. republic, noun
p. biology, noun
q. decide, verb
r. divide, verb
s. author, noun
t. sincere, adjective

SECTION TWO

2.1 a. cicuito   S, D
b. puerta   D, S
c. radio   S, D
d. siglo   S, S
e. noche   S, S
f. ojo   S, S
g. lado   S, S
h. juego   D, S
i. julio   S, D
j. blusa   S, S

2.2 Adult check

2.3 a. a – ge – u – a
b. be – o – ele – ese – a
c. ce – o – che – e
d. de – i – ene – e – ere – o
e. e – ese – te – a – de – o
f. efe – e – che – a
g. ge – o – ele
h. hache – o – jota – a
i. i – de – e – a
j. jota – u – ge – o
k. ka – i – ele – o
l. ele – a – ge – o
m. eme – a – ene – o
n. ene – i – eñe – o
o. o – jota – o
p. pe – a – de – ere – e
q. cu – u – i – ene – ce – e
r. ere – i – ve – i – ese – te – a
s. ese – e – eñe – o – ere
t. te – a – ele – e – ene – te – o
u. u – ve – a
v. ve – a – elle – e
w. equis – i – ele – o – efe – o – ene – o
x. i – a – ere – de – a
y. zeta – a – pe – a – te – o

159

SECTION TWO (cont'd)

2.4 a. mucho
     b. perro
     c. verdad
     d. animal
     e. leche
     f. esquiar

     g. calle
     h. anteojos
     i. garaje
     j. divertido

2.5 Adult check

SECTION THREE

3.1 a. ca – ma – re – ro
     b. ba – lon – ces – to
     c. de – say – un – o
     d. li – bre
     e. sa – lu – dos
     f. a – ni – ma – do
     g. co – ci – ne – ro
     h. es – pi – na – cas
     i. lec – tu – ra
     j. re – por – ta – je
     k. ar – tis – ta
     l. en – tre – vis – ta
     m. es – per – an – za

     n. mo – chi – la
     o. tra – ba – jar

3.2 a. fácil
     b. simpático
     c. correo
     d. tarjeta
     e. éxito
     f. pianista
     g. matemáticas
     h. química
     i. setenta
     j. próximo

SECTION FOUR

4.1 Answers may vary. Suggested
     answers are given.
     a. Siéntense.
       Saquen la tarea.
     b. Abrun sus libros a la página ___
       por favor.
       Cierran sus lobris, por favor.
     c. Vayan a la pizarra.
     d. ¿Entienden?
       ¿Como?
       Explique, por favor.
       No entiendo.

     e. De nada
     f. Saquen un lápiz, un papel.
       Escriban su nombre.
       Saquen un lápiz, un papel, una
       pluma.
       Miren.
       Escuchen, por favor.
     g. No señora.
     h. ¿Como se dice en español?
     i. Repitan (or Repita), por favor.
     j. No sé.
       No entiendo.

SECTION FIVE

5.1   a. tú   f. tú

       b. usted (Ud.)   g. usted (Ud.)

       c. ustedes (Uds.)   h. usted (Ud.)

       d. ustedes (Uds.)   i. ustedes (Uds.)

       e. used Ud.)   j. tú

SECTION SIX

6.1   Adult check

6.2   Adult check

6.3   Adult check

6.4   Adult check. Answers may vary.

SECTION SEVEN

7.1   Paco: <u>Hello</u>, Luis. <u>Hello</u>, Teresa.   7.2   Adult check

                       How <u>are you</u>?

       Luis: Fine, <u>thank you</u>.

       Teresa: Very <u>well</u>, and <u>you</u>?

       Paco: <u>Okay</u>.

SECTION EIGHT

8.1   Answers will vary. Examples include San Francisco, San Diego, San Jose, San Angelo, San Antonio, etc.

       h. Los Angeles

       i. compact disk

       j. calculator

8.2   a. desperate

       b. canoe

       c. cafeteria

       d. computer

       e. video

       f. lagoon

       g. barbecue

8.3   Adult check

8.4   Adult check

8.5   Answers will vary. These are thought questions.

WORD SEARCH – P. 37

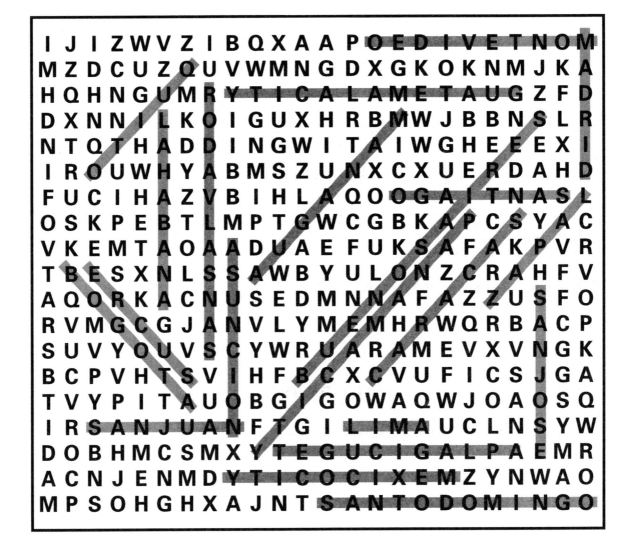

WORD SEARCH – P. 38

```
A A A E T E O F C H I L E T R E R F U Y X I L A
J U C L A N A C I N I M O D A C I L B U P E R X
V T G I E H M V D G H T L E O M K M N I P G W U
M T K A R U J Q V F P A B N M A H Q C W E J R T
Y F H A R A Z M Q X D L C D F M L F D N J X U Y
I A R E S A T E Q C O L O M B I A A T L Y P L R
P V U Z Z C C S N J O M Y G E O W I M Y U W L O
E B E G W I B I O E T A F P W P N A V E U L A R
W N D Q A R T R N C V E G M B A T V R N T G U G
M D H A A R O D A V L A S L E L J T L C O A U M
F R X K Q M A Q L A Q G A R J U O R R P D W U Y
U I E T U L A P I O G D J P U R Z A F M A Y B G
J V C M W Q B N F I P T Q Q I E V N G Q P A M S
M F U W Y E O A A H O H W C A P K A G M Q U U U
H Y A S B Q L B N P U W O L A G E P W N N G M F
B M D I M X I U Q F E M E X I C O S U M X U M Z
O E O Y Y T V C J S M G W T K H C E D X J R I H
J R R B V K I G C F V H A N G L P N X Q I U B X
X P F T X L A E W R P V B K Z S A R U D N O H Y
```

SECTION ONE

1.1 **Picture 1**

1. the book – el libro
2. the notebook – el cuaderno
3. the ruler – la regla
4. the pencil eraser – la goma
5. the desk – la mesa
6. the pen – la pluma *or* el bolígrafo
7. the pencil – el lápiz
8. the paper – el papel
9. the tape – la cinta
10. the chair – la silla

Picture 2

1. the student (male) – el estudiante
2. the teacher (female) – la profesora
3. the poster – el cartel
4. the pencil sharpener – el sacapuntas
5. the flag – la bandera
6. the chalk – la tiza
7. the eraser – el borrador
8. the blackboard – la pizarra
9. the map – el mapa
10. the computer – la computadora

1.2 Adult check

1.3
a. cinco reglas
b. tres mochilas
c. diez lápices
d. ocho bolígrafos or plumas
e. una profesora
f. dos mapas
g. nueve libros
h. siete cintas
i. cuatro banderas
j. seis gomas

1.4
a. tres y cinco son ocho
b. dos y siete son nueve
c. diez menos cuatro son seis
d. nueve menos uno son ocho
e. tres y siete son diez
f. cuatro y cinco son nueve
g. seis menos dos son cuatro
h. uno y siete son ocho
i. cinco y uno son seis
j. ocho menos cuatro son cuatro

1.5 Adult check
a. Hay cinco libros.
b. Hay dos banderas.
c. Hay ocho cintas.
d. Hay una mochila.
e. Hay tres diccionarios.

SECTION TWO

2.1 Adult check

2.2 Adult check. Answers will vary.

SECTION THREE

3.1 a. tú
     b. ustedes
     c. usted
     d. ustedes
     e. tú
     f. usted
     g. ustedes
     h. tú
     i. ustedes
     j. usted

3.2 a. ¿Cómo está Ud.?
     b. ¿Cómo están Uds.?
     c. ¿Cómo estás?
     d. ¿Cómo estás?
     e. ¿Cómo están Uds.?

SECTION FOUR

4.1 a. bailo   f. bailamos
     b. bailas   g. bailáis
     c. baila   h. bailan
     d. baila   i. bailan
     e. baila   j. bailan

4.2 a. llego   f. llegamos
     b. llegas   g. llegáis
     c. llega   h. llegan
     d. llega   i. llegan
     e. llega   j. llegan

4.3 a. miro   f. miramos
     b. miras   g. miráis
     c. mira   h. miran
     d. mira   i. miran
     e. mira   j. miran

4.4 a. busco   f. buscamos
     b. buscas   g. buscáis
     c. busca   h. buscan
     d. busca   i. buscan
     e. busca   j. buscan

4.5 a. I arrive, I do arrive, I am arriving
     b. you speak, you do speak, you are speaking
     c. he watches, he does watch, he is watching
     d. she dances, she does dance, she is dancing
     e. you look for, you do look for, you are looking for
     f. we arrive, we do arrive, we are arriving
     g. you watch, you do watch, you are watching
     h. they dance, they do dance, they are dancing
     i. they look for, they do look for, they are looking for
     j. you speak, you do speak, you are speaking

Study hint:
cognates
chant, desire, terminate

SECTION FOUR (cont'd)

4.6   Adult check

4.7
   a. corto – I cut, I do cut, I am cutting
   b. pagan – they pay, they do pay, they are paying
   c. ayudas – you help, you do help, you are helping
   d. compran – you buy, you do buy, you are buying
   e. estudia – she studies, she does study, she is studying
   f. visitamos – we visit, we do visit, we are visiting
   g. necesita – he needs, he does need, he is needing
   h. tomáis – you take, you do take, you are taking
   i. camina – you walk, you do walk, you are walking
   j. viajan – they travel, they do travel, they are traveling

4.8
   a. ella   f. nosotros
   b. él   g. ellos
   c. ellas   h. ella
   d. él   i. ellos
   e. él   j. nosotros

4.9   Any one of three possible translations:
   a. bailo – I dance, am dancing, or do dance
   b. estudia – Mariana studies, is studying, or does study
   c. hablamos – Arthur and I speak, do speak, or are speaking
   d. preparas – You prepare, are preparing, or do prepare
   e. llegan – The girls arrive, are arriving, or do arrive
   f. paga – Mr. Lopez pays, is paying, or does pay
   g. entramos – You and I enter, are entering, or do enter
   h. ayudan – Paco and Victor help, are helping, or do help
   i. escuchan – Mr. & Mrs. Gomez listen, are listening, or do listen
   j. viajan – You travel, are traveling, or do travel

SECTION FIVE

5.1   Adult check

5.2   a. F
     b. V
     c. V
     d. F
     e. V

5.3   Adult check

5.4   a. Teresa no monta la bicicleta.
     b. Miguel no regresa a la escuela.
     c. Yo no pregunto la pregunta.
     d. Nosotros no ayudamos a Roberto.
     e. Tú no compras dos cuadernos.
     f. Los estudiantes no estudian el francés.
     g. Usted no necesita un libro.
     h. Las profesoras no explican la lección.
     i. Ustedes no trabajan mucho.
     j. Yo no termino el ejercicio.

5.5   a. No, Luis no habla francés.
     b. No, yo no escucho la música.
     c. No, los chicos no llevan los libros.
     d. No, nts. no visitamos el museo.
     e. No, yo no tomo el diccionario.

5.6   a. ¿Necesita Diana una pluma?
     b. ¿Pasas tú el inglés?
     c. ¿Visitan los chicos a un amigo?
     d. ¿Contesto yo la pregunta?
     e. ¿Entran ustedes en la clase?
     f. ¿Miramos nosotros la televisión?
     g. ¿Termina usted la lección?
     h. ¿Saca David fotos?
     i. ¿Enseña la profesora español?
     j. ¿Estudian Susana y Carlos?

5.7   a. Does Diana need a pen?
     b. Are you passing English?
     c. Are the boys visiting a friend?
     d. Do I answer the question?
     e. Are you entering the class?
     f. Are we watching television?
     g. Are you finishing the lesson?
     h. Is David taking photos?
     i. Does the teacher teach Spanish?
     j. Are Susan and Charles studying?

5.8   Answers should have either
     , **¿no?** or , **¿verdad?** after them.

5.9   1. No, (yo) no necesito un lápiz.
     2. No, (yo) no miro la television.
     3. No, (Pablo y Nicolás/ellos) no regresan.
     4. No, (la profesora/ella) no explica la pregunta.
     5. No, (nosotros) no buscamos las mochilas.

5.10   Adult check

SECTION SIX

6.1　Adult check

6.2　a. carro
　　　b. pero
　　　c. perro
　　　d. caro

6.3　a. 1, primo　　f. 2, rico
　　　b. 2, tierra　　g. 1, coro
　　　c. 2, rollo　　h. 2, pizarra
　　　d. 1, naranja　　i. 2, perrito
　　　e. 1, secreto　　j. 1, puerta

6.4　a. Sí (No), yo (no) paso la clase de arte.
　　　b. Sí (No), Luis (no) practica la biblia.
　　　c. Sí (No), los niños (no) cortan el papel.
　　　d. Sí (No), nosotros (no) cantamos la música.
　　　e. Sí, (No), yo (no) deseo enseñar el inglés.

6.5　Adult check. Answers will vary.

6.6　a. V
　　　b. F
　　　c. F
　　　d. V
　　　e. F
　　　f. V
　　　g. V
　　　h. F
　　　i. F
　　　j. V

SECTION SEVEN

7.1　Adult check

7.2　Adult check

SECTION EIGHT

8.1   a. la profesora

b. el escritorio

c. el cartel

d. la mapa

e. la computadora

f. la mesa

g. el sacapuntas

h. el/la estudiante

i. la pizarra

j. la silla

k. la bandera

8.2   a. el libro

b. el lápiz

c. la pluma

d. el cuaderno

e. la cinta

f. la goma

g. la regla

h. el diccionario

i. el papel

8.3

	comprar	viajar	escuchar
yo	compro	viajo	escucho
tú	compras	viajas	escuchas
él	compra	viaja	escucha
ella	compra	viaja	escucha
Ud.	compra	viaja	escucha
nts.	compramos	viajamos	escuchamos
ellos	compran	viajan	escuchan
ellas	compran	viajan	escuchan
Uds.	compran	viajan	escuchan

8.4   a. ¿Visita Pablo la clase de inglés?

No, Pablo no visita la clase de inglés.

b. ¿Miras tú la pizarra?

No, yo no miro la pizarra.

c. ¿Trabajan Uds. en matemáticas?

No, nts. no trabajamos en matemáticas.

d. ¿Estudian los chicos el español?

No, los chicos no estudian el español.

e. ¿Necesito yo un lápiz?

No, tú no necesitas un lápiz.

8.5   a. elle – e – ve – a – ere

b. e – ese – pe – a – eñe – o – ele

c. ce – ele – a – ere – o

d. jota – u – ene – te – o – ese

e. pe – i – zeta – a – erre – a

8.6   a. li – te – ra – <u>tu</u> – ra

b. pro – fe – <u>sor</u>

c. con – ta – bi – li – <u>dad</u>

d. sa – ca – <u>pun</u> – tas

e. es – stu – di – <u>an</u> – te

8.7   a. Open your books.

b. Sit down.

c. Take out the book.

d. Repeat.

e. Write your name.

8.8   a. Ud.

b. tú

c. Uds.

d. Uds.

e. tú

8.9–8.10 Adult check

SECTION ONE

1.1   Adult check

1.2   Adult check

1.3   el

1.4   la

1.5   a. la   f. el
        b. la   g. la
        c. el   h. la
        d. la   i. el
        e. el   j. la

1.6   a. el
        b. el
        c. la

1.7   los

1.8   las

1.9   a. las   k. los
        b. la   l. el
        c. el   m. la
        d. los   n. las
        e. la   o. la
        f. el   p. los
        g. las   q. el
        h. los   r. las
        i. la   s. el
        j. los   t. las

SECTION TWO

2.1   a. una   f. un
        b. unos   g. unas
        c. unos   h. un
        d. un   i. unos
        e. unas   j. una

2.2   a. el comedor
        b. un sillón
        c. las camas
        d. unos televisores
        e. la cocina
        f. una lámpara
        g. unas alcobas / unos dormitorios
        h. una habitación
        i. el estante
        j. la mesa

2.3   a. veinte y cuatro (veinticuatro) y tres son veinte y siete (veintisiete)
        b. treinta y uno menos diez y siete (diecisiete) son catorce
        c. diez y nueve (diecinueve) y once son treinta
        d. veinte y ocho (veintiocho) menos siete son veinte y uno (veintiuno)
        e. quince y catorce son veinte y nueve (veintinueve)
        f. siete y trece son veinte
        g. veinte y uno (veintiuno) menos nueve son doce
        h. veinte y seis (veintiséis) menos diez son diez y seis (dieciséis)
        i. veinte y tres (veintitrés) menos cinco son diez y ocho (dieciocho)
        j. veinte y cinco (veinticinco) menos tres son veinte y dos (veintidós)

SECTION THREE

3.1 a. el hermano
      b. el hijo
      c. la madre
      d. la prima
      e. el abuelo
      f. la esposa
      g. el esposo
      h. la hija
      i. el padre
      h. la abuela
      k. la tía
      l. el primo
      m. la hermana
      n. el tío

3.2 a. es
      b. soy
      c. somos
      d. son
      e. eres
      f. es
      g. es
      h. son
      i. soy
      j. son

3.3 a. Who teaches the class?
      b. When do you work?
      c. Why do the students answer?
      d. Which does Maria need?
      e. Where do you prepare the food?
      f. How does (s)he explain the lesson?
      g. What are you visiting?
      h. How much are you paying for the book?

3.4 a. ¿Qué estudia Tomás hoy?
      b. ¿Cuándo preparas tú la lección?
      c. ¿Dónde viaja Mariana?
      d. ¿Cuál canción cantamos nosotros?
      e. ¿Cuánto pagan los chicos por los discos?

SECTION FOUR

4.1   a. sábado, el veinte y seis (veintiséis) de septiembre
      b. miércoles, el catorce de junio
      c. martes, el diez y nueve (diecinueve) de agosto
      d. lunes, el treinta y uno de enero
      e. jueves, el veinte de mayo
      f. viernes, el veinte y nueve (veintinueve) de abril
      g. domingo, el quince de octubre
      h. miércoles, el seis de diciembre
      i. jueves, el veinte y ocho (veintiocho) de febrero
      j. viernes, el primero de noviembre

4.2   a. Es el cinco de agosto.
      b. Es el veinte y dos de septiembre.
      c. Es el primero de octubre.
      d. Es el siete de agosto.
      e. Contestan el treinta y uno de julio.
      f. Fue publicada el quince de mayo de 1885.
      g. Fue publicado el dos de enero de 1856.
      h. Compra el regalo el dos de agosto.
      i. Manda las invitaciones el doce de julio.
      j. El aniversario es el diez y nueve (diecinueve) de octubre.

4.3   a. diciembre, enero, febrero
      b. marzo, abril, mayo
      c. junio, julio, agosto
      d. septiembre, octubre, noviembre
      e. Es el veinte y cinco (veinticinco) de diciembre
      f. Es el cuatro de julio (de 1776)
      g. Es el treinta de mayo
      h. noviembre
      i. enero
      j. sábado y domingo

4.4   a. las seis y cuarto de la noche
      b. las diez y veinte de la mañana
      c. las dos menos cuarto de la tarde
      d. las cuarto menos veinte de la madrugada
      e. el mediodía *or* las doce de la tarde
      f. las cuatro y cuarto de la tarde
      g. la una y diez de la madrugada
      h. las once y media de la noche
      i. las siete menos diez de la mañana
      j. la medianoche *or* son las doce de la madrugada

SECTION FIVE

5.1　a. **Yo:**　　abro
　　　　　　　　bebo
　　　　　　　　escribo

　　　b. **Las chicos:**　dividen
　　　　　　　　corren
　　　　　　　　rompen

　　　c. **Paco y yo:**　comemos
　　　　　　　　vivimos
　　　　　　　　bebemos

　　　d. **Tú:**　　partes
　　　　　　　　lees
　　　　　　　　corres

5.2　a. escribo
　　　b. comen
　　　c. rompe
　　　d. viven
　　　e. corremos
　　　f. partimos
　　　g. lees
　　　h. abre
　　　i. bebo
　　　j. dividen

5.3　a. **Yo:**　　creo
　　　　　　　　coso
　　　　　　　　asisto

　　　b. **Los chicas:**　reciben
　　　　　　　　venden
　　　　　　　　omiten

　　　c. **Paco y yo:**　respondemos
　　　　　　　　subimos
　　　　　　　　prometemos

　　　d. **Tú:**　　descubres
　　　　　　　　cubres
　　　　　　　　aprendes

5.4　a. I respond, I do respond,
　　　　　I am responding
　　　b. we go up, we do go up,
　　　　　we are going up
　　　c. they sell, they do sell,
　　　　　they are selling
　　　d. you sew, you do sew,
　　　　　you are sewing
　　　e. he promises, he does promise,
　　　　　he is promising
　　　f. I cover, I do cover, I am covering
　　　g. we learn, we do learn,
　　　　　we are learning
　　　h. you attend, you do attend,
　　　　　you are attending
　　　i. he believes, he does believe,
　　　　　he is believing
　　　j. you describe, you do describe,
　　　　　you are describing

5.5　Answers will vary.

5.6　Adult check

5.7　a. Luisa vive en una casa nueva.
　　　b. Vive en Calle Colón número 24.
　　　c. Es muy bonito.
　　　d. Corre en un parque.
　　　e. Corre cinco milas.
　　　f. Corre después de la escuela.
　　　g. Sí, Ana corre.
　　　h. Corre con Luisa.
　　　i. Corren mañana después de la
　　　　　escuela.
　　　j. Sí corro *or* no, no corro.

5.8　Adult check

SECTION SIX

6.1 Adult check

6.2 Adult check. Answers will vary.

6.3   1. c
    2. b
    3. a
    4. d
    5. a
    6. c
    7. d
    8. a
    9. b
    10. d

6.4   1. c
    2. a

6.5   1. d
    2. c
    e. b

6.6 Adult check. Answers will vary.

6.7 Adult check. These activities will have various unique answers. Just check for content and correctness of grammar, spelling and word order.

SECTION SEVEN

7.1

	comprar	vender	cubrir
a.	compro	vendo	cubro
b.	compras	vendes	cubres
c.	compra	vende	cubre
d.	compra	vende	cubre
e.	compra	vende	cubre
f.	compramos	vendemos	cubrimos
g.	compráis	vendéis	cubrís
h.	compran	venden	cubren
i.	compran	venden	cubren
j.	compran	venden	cubren

7.2   1. a. we study
      b. we do study
      c. we are studying

    2. a. I visit
      b. I do visit
      c. I am visiting

    3. a. we understand
      b. we do understand
      c. we are understanding

    4. a. you respond
      b. you do respond
      c. you are responding

    5. a. they suffer
      b. they do suffer
      c. they are suffering

7.3   a. abre
    b. visitamos
    c. corre
    d. leo
    e. aprendemos
    f. bailan
    g. escribo
    h. vivimos
    i. Deseas
    j. miran

7.4 Answers may vary. Possible responses are given.
    a. Hay # personas en mi familia.

SECTION SEVEN (cont'd)

b. (Person's name) habla inglés y español.

c. Mis abuelos viven en (place).

d. Practico a las (#).

e. Estudio a las (#).

f. (Name) asiste la clase de biología

g. Rompo (something).

h. (Name) responde a la profesora

i. Escribo porque (reason).

j. Aprendemos (subject).

k. Escucho la música en (place).

l. La madre prepara la comida en la cocina.

m. La familia come en el comedor o en la cocina.

n. Los estudiantes aprenden el español.

o. Parto a las # (time)

p. Leemos un libro (or something relevant)

q. Vivimos _____ place

r. Asisto a la clase de (subject).

s. Visito a mis abuelos (time or date).

t. (No) Comprendemos las lecciones.

7.5 Any order:

1. a. el borrador
   b. la tiza
   c. la pizarra

2. a. la estudiante
   b. la mochila
   c. el libro

3. a. la pluma
   b. el lápiz
   c. la regla

4. a. el diccionario
   b. el cuaderno
   c. el papel

5. a. la bandera
   b. el mapa
   c. el profesor

6. a. el escritorio
   b. la silla
   c. la computadora

7. a. la madre
   b. el padre
   c. el hijo

8. a. el abuelo
   b. la abuela
   c. la nieta

9. a. el sillón
   b. el sofá
   c. la lámpara

7.6 a. el cuarto de baño
    b. la cocina
    c. el comedor
    d. el garaje
    e. la sala
    f. el domitorio

SECTION ONE

1.1 a. voy

b. vas

c. vamos

d. allí

e. conmigo

f. nada

g. el pastel

h. juntos

i. qué bueno

j. deliciosas

1.2   Adult check

1.3 a. va

Laura is going to school.

b. voy

I am going to English class.

c. vamos

Pilar and I are going to Mariana's house.

d. vas

You are going now.

e. van

You are going with Terencio.

f. va

Manuel is going at three-thirty (3:30)

g. van

The students are going at eight o'clock.

h. va

You are going to open the window.

i. van

My friends are going to assist me with the party.

j. vamos

We are going in the afternoon.

1.4 a. el cine

b. el parque

c. la playa

d. la oficina

e. el banco

f. el correo

g. el supermercado

h. la escuela

i. la iglesia

j. el restaurante

k. el café

l. el museo

m. el estadio

n. el aeropuerto

o. el hotel

1.5 a. a

b. a las

c. al

d. a la

e. al

f. al

g. a la

h. a

i. al

j. a las

1.6 a. del

b. de

c. del

d. de los

e. del

f. de

g. de los

h. de la

i. de las

j. de la

SECTION ONE (cont'd)

1.7 a. la mochila de Pablo

     b. la profesora de los estudiantes

     c. la biblioteca del pueblo

     d. el hermano de Susana

     e. los discos de los amigos

1.8 Adult check

SECTION TWO

2.1 a. Es comerciante

     b. Es farmacéutico

     c. Es médica/enfermera

     d. Es historiadora

     e. Es actor/músico

     f. Es secretario/abogado/jefe

     g. Es piloto

     h. Es profesora

     i. Es abogado

     j. Es escritora

     k. Es arquitecto

     l. Es veterinaria

     m. Es músico

     n. Es mujer policía

     o. Es fotografa

2.2 a. Es abogado.

     b. Es médico.

     c. El padre de Juan trabaja a una oficina en el centro y el padre de Luis trabaja al hospital y a una oficina.

     d. Desea ser farmacéutico.

     e. Desea ser historiador.

2.3 Answers will vary.

2.4 1. a. Padre

       b. policía

       c. busca criminales y ayuda a las personas

     2. a. Madre

       b. fotografa

       c. saca fotos de familias

     3. a. Tía Luisa

       b. profesora

       c. enseña biología

     4. a. Tío Patricio

       b. programador de computadoras

       c. trabaja en una companía grande

     5. a. David

       b. estudiante

       c. estudia ser veterinario

     6. a. Anita

       b. mujer de negocios

       c. trabajar en una companía grande

     7. a. Miguel

       b. piloto

       c. viaja a nuchas ciudades diferentes

     8. a. Anita

       b. periodista

       c. escribe para un periódico pequeño

     9. a. Amparo

       b. escritora

       c. escribe novelas de misterio

SECTION TWO (cont'd)

2.5 a. noventa y nueve menos treinta y
   tres son sesenta y seis
   b. ochenta y dos menos cuarenta y
   tres son treinta y nueve
   c. cincuenta y ocho y diez y siete son
   setenta y cinco
   d. treinta por tres son noventa
   e. ochenta y siete menos treinta y
   cinco son cincuenta y dos

2.6 a. cincuenta
   b. ochenta y ocho
   c. sesenta
   d. setenta y dos
   e. cincuenta y dos

SECTION THREE

3.1 a. alto
   b. guapos
   c. rubia
   d. simpáticas
   e. viejos
   f. divertidas
   g. aburrido
   h. bonita
   i. rubias
   j. morenos

3.2 a. elegante
   b. jóvenes
   c. formidable
   d. importantes
   e. independiente
   f. paciente
   g. pobres
   h. azul
   i. difíciles
   j. fuerte

3.3 a. japonés
   b. charlatanes
   c. peruana
   d. preguntones

   e. americana
   f. francés
   g. charlatana
   h. trabajadoras
   i. portuguesa
   j. encantador

3.4 a. rubia
   b. interesantes
   c. mexicana
   d. elegantes
   e. azules
   f. habladora
   g. nueva
   h. americanos
   i. pequeño
   j. formidable
   k. famosas
   l. paciente
   m. impaciente
   n. amarillo
   o. rojas
   p. blancos
   q. peruanas
   r. verde

SECTION THREE (cont'd)

s. negros

t. trabajador

3.5   a. Varios hombres japoneses

b. Muchas chicas preguntonas

c. Pocos fotógrafos buenos

d. Una secretaria buena

e. Tres enfermeras simpáticas

f. Unos/Algunos periodistas divertidos

g. Un gerente alemán

h. Todos los veterinarios pacientes

i. Una escritora agradable

j. Un policía fuerte

3.6   Adult check. Answers will vary, but possible answers are given.

a. Es roja, blanca y azul.

b. Es "interesante, excelente, divertido"

c. Es "mexicana, alemana, portuguesa"

d. Es "grande, alto, enorme"

e. Es "verde, azul, blanco"

f. Es un presidente famoso.

g. Son unos escritores "excelentes, formidables, buenos"

h. Es un artista "famoso, interesante, diferente"

i. Es "elegante, grande, vieja"

j. Son "grandes, independientes, fuertes"

3.7   Adult check

3.8   Adult check. Answers will vary.

SECTION FOUR

4.1   a. estoy

b. estamos

c. está

d. estás

e. están

f. estamos

g. están

h. están

i. está

j. está

4.2   a. Mariana está contenta/alegre.

b. Estamos emocionados.

c. Estás tímido.

d. Elena y Luisa están nerviosas.

e. La clase está sorprendida.

f. Los chicos están enojados.

g. El abogado está preocupado.

h. Los artistas están encantados.

i. Estoy soñoliento/a.

j. Uds. están enfermos.

4.3   Answers may vary. Suggested answers are given.

a. ¿Dónde está el banco?
Está cerca del teatro.

b. ¿Dónde está el café?
Está al lado del correo.

c. ¿Dónde está la iglesia?
Está detrás del estadio.

d. ¿Dónde está la tienda?
Está al lado de la biblioteca.

e. ¿Dónde está el parque?
Está enfrente del museo.

f. ¿Dónde está el restaurante?
Está lejos del correo.

SECTION FOUR (cont'd)

g. ¿Dónde está la iglesia?
   Está entre el estadio y el banco.

h. ¿Dónde está la tienda?
   Está al lado de la biblioteca.

i. ¿Dónde está el supermercado?
   Está a través del café.

j. ¿Dónde está la plaza?
   Está frente al restaurante.

4.4 a. Pilar está triste y enferma.

    b. Pilar va al médico.

    c. Está cerca de la biblioteca.

4.5 Adult check. Answers will vary.

SECTION FIVE

5.1 a. Está bien.

    b. Está fantástico.

    c. Es feliz.

    d. Va al cine con Isabel.

    e. Es bonita y simpática.

    f. Está al cine Colón.

    g. Es a las siete y media.

    h. Daniel, Isabel, Timo y Alicia van al cine.

5.2 Adult check

5.3 a. es

    b. está

    c. somos

    d. eres

    e. estoy

    f. están

    g. estás

    h. soy

    i. estamos

    j. son

    k. están

    l. son

    m. es

    n. somos

    o. está

5.4 Adult check

5.5 a. Es de Colombia.

    b. Está aquí por un año.

    c. Desea aprender el inglés.

    d. Es alto y moreno.

    e. Está en la clase de inglés.

    f. Es difícil.

    g. Vive con la familia Douglas.

    h. La madre es enfermera y el padre es ingeniero.

    i. Son Tomás y Marco.

    j. Van a ver una película nueva.

SECTION SIX

6.1 a. Paco no está contento.

b. No hay ninguna película que desea ver.

c. No hay nadie que desea visitar.

d. No come nunca en un café.

e. No desea nada.

6.2 Adult check

6.3 a. Yo no camino nunca a la escuela. *or*
Yo nunca camino a la escuela.

b. No aprendemos nada diferente.

c. No hablo de ningunas lecciones.

d. No visitan a nadie.

e. No entras en el estadio.

6.4 a. No compro nada.

b. No voy con nadie.

c. No ayuda nunca a mi hermano. *or*
Nunca ayuda a mi hermano.

d. No viajo a Costa Rica. *or*
Nunca viajo a Costa Rica. *or*
No viajo nunca a Costa Rica.

e. No llevo ningunos libros a la clase.

6.5 a. No estudio matemáticas.

b. No vamos nunca al cine. *or*
Nunca vamos al cine.

c. No canto nada.

d. ¿Preparas algo? *or*
¿Prepara Ud. algo? *or*
¿Preparan Uds. algo?

e. ¿Escuchas siempre? *or*
¿Escucha Ud. siempre? *or*
¿Escuchan Uds. siempre?

f. Necesito algún dinero.

g. No sacamos ningunas fotografías.

h. Alguien está aquí.

i. Nadie trabaja nunca en sábado.

j. No pagamos por nada.

6.6 a. Es antipático.

b. No trabaja nunca.

c. Siempre mira la televisión *or*
trabaja en la computadora.

d. Está en la biblioteca.

e. Necesita algunos libros para un reportaje de historia.

f. No lee ningunos libros.

g. No hay nadie como el hermano.

h. Necesita trabajar.

i. No desea pasar nada.

j. Deseo pasar las clases. *or*
No deseo pasar las clases.

SECTION SEVEN

7.1   Adult check

7.2   a. Daniela es simpática.
        b. Van al cine para ver una película.
        c. Van al café.
        d. No hay asientos.
        e. Van a las tiendas.
        f. Hay cuatro amigos allí.
        g. Luis baila con Daniela.
        h. Jorge baila con Teresa.
        i. Habla del nuevo estadio.
        j. Van a estar allí en dos semanas.
        k. Son los mejores.
        l. Habla de la nueva biblioteca.
        m. Hay un cuarto con computadoras.
        n. Para investigar las universidades.
        o. Van a las diez.

7.3   1. a
        2. d
        3. c

7.4   1. b
        2. c
        3. a

7.5   1. b
        2. c
        3. a
        4. b
        5. d

7.6   Adult check. In this section the answers will vary. Please check for subject and verb agreement as well as nouns and adjective agreement.

SECTION EIGHT

8.1   1. e
        2. c
        3. f
        4. a
        5. b
        6. d

SECTION NINE

9.1   1. a
        2. d
        3. a
        4. d
        5. b
        6. a
        7. d
        8. c
        9. b
        10. c
        11. c
        12. c
        13. d
        14. a
        15. d
        16. a
        17. d
        18. c
        19. a
        20. d
        21. b
        22. b
        23. c
        24. b
        25. c

SECTION NINE (cont'd)

9.2　a. interesantes

　　b. blanca

　　c. alto, delgado

　　d. amarillo

　　e. grande

　　f. moderna, bonita

　　g. barato

　　h. triste, famosa

　　i. nueva, pequeño

　　j. populares

　　k. deliciosas, mexicano

　　l. bueno, difícil

　　m. simpáticas

　　n. importantes

　　o. ricos

　　p. excelente

　　q. enferma

　　r. agradables

　　s. azul, negra

　　t. peruanos, divertidos

9.3　Answers may vary. Examples of correct answers are given.

　　a. Luis está a la iglesia.

　　b. La clase de inglés es a las diez.

　　c. El chico guapo es Arturo.

　　d. Hay veinte alumnos en la clase.

　　e. Es el # de month.

　　f. Leo (title).

　　g. Es lunes, el cinco de marzo.

　　h. Es alta y bonita.

　　i. Están bien.

　　j. Está enferma.

9.4　Answers may vary. Examples of correct answers are given.

　　a. La iglesia está enfrente de la escuela. (The church is in front of the school.)

　　b. El supermercado está al lado del correo. (The supermarket is next to the post office.)

　　c. Las oficinas están cerca de la plaza. (The offices are near the plaza.)

　　d. El estadio está detrás de la escuela. (The stadium is behind the school.)

　　e. El parque está entre la biblioteca y la tienda. (The park is between the library and the store.)

9.5　Answers may vary. Examples of correct answers are given.

　　a. Es invierno/diciembre. (It's winter/December) El chico es alegre. (The boy is happy)

　　b. Es primavera/abril/mayo. (It'spring/April/May) Las flores son bonitas. (The flowers are pretty.)

　　c. Es otoño/octubre. (It's fall/October) Los chicos trabajan. (The children are working.)

　　d. Es verano/junio/julio. (It's summer/June/July) Las amigas nadan. (The [girl]friends are swimming.)

　　e. Es agosto/septiembre. (It's August/September) Los estudiantes van a la escuela. (The students are going to school)

SECTION NINE (cont'd)

9.6   a. setenta y tres

      b. cincuenta y ocho

      c. ochenta y nueve

      d. noventa y uno

      e. sesenta y dos

      f. cuarenta y siete

      g. treinta y cuatro

      h. veinte y cinco (veinticinco)

      i. diez y seis (dieciseis)

      j. ciento

9.7   a. Nadie termina el proyecto.

      b. No trabajo nunca a las diez de la noche.

      c. No compro nada.

      d. No visito a nadie.

      e. No voy a Venezuela nunca.

9.8   a. a la

      b. del

      c. al

      d. a las

      e. de la

9.9   a. Honduras / Tegucigalpa

      b. Panama / Panama City

      c. Guatemala / Guatemala City

      d. Nicaragua / Managua

      e. El Salvador / San Salvador

      f. Costa Rica / San José

9.10   Answers will vary.

SECTION ONE

1.1 a. You would like
　　b. I like
　　c. of course
　　d. a pair of shoes
　　e. the shoe store
　　f. I would like
　　g. Okay
　　h. a jacket
　　i. to leave
　　j. to forget
　　k. the pastry shop
　　l. something

1.2 Adult check

1.3 Answers will vary. The following are examples of correct answers.
　　a. Lleva los blue-jeans, la camisa roja, las botas castañas, y la gorra blanca.
　　b. Lleva una falda negra, la blusa amarilla, los zapatos castaños, y lleva el suéter gris.
　　c. Lleva el traje gris, la camisa blanca, la corbata azul, y lleva el impermeable negro.
　　d. Lleva el traje de baño azul, las sandalias amarillas, el sombrero rojo, y los anteojos de sol.
　　e. Lleva los pantalones cortos azules, la camiseta blanca, los calcetines blancos y los zapatos de tenis azules, y lleva anteojos.

1.4 a. gusta
　　　I like the coat.
　　b. gustan
　　　We like the shoes.
　　c. gustan
　　　You like the t-shirts.
　　d. gusta
　　　He/she/you like the jacket.
　　e. gustan
　　　They/you like the gloves.
　　f. gusta
　　　You like the blouse.
　　g. gustan
　　　I like the blue jeans.
　　h. gusta
　　　They/you like the skirt.
　　i. gusta
　　　We like the cap.
　　j. gustan
　　　He/she/you like the caps.

1.5 a. Le gusta a él la camisa amarilla.
　　b. Le gusta a ella la blusa verde.
　　c. Les gustan a ellas los sombreros azules.
　　d. Le gustan a Ud. los pantelones cortos rojos.
　　e. Les gustan a Uds. los suéteres castaños.

1.6 a. ¿Te gustarían los anteojos de sol?
　　b. ¿Nos gustarían las camisetas azules or las camisetas verdes?
　　c. ¿Le gustarían a ella los pantelones cortos amarillos?
　　d. ¿Me gustarían los zapatos negros?
　　e. ¿Les gustarían los sombreros azules?

1.7 a. Van de compras.
　　b. Le gusta mirar a los pantalones cortos.

185

SECTION ONE (cont'd)

c. Va a la playa.

d. Necesita las sandalias.

e. Hay muchos colores.

1.8   Answers will vary.

1.9   Adult check

SECTION TWO

2.1   a. I don't know

b. my

c. your

d. my

e. his

f. our

g. half an hour

2.2   Adult check

2.3   a. mis

b. su

c. tu

d. nuestras

e. mi

f. tus

g. su

h. su

i. sus

j. nuestro

2.4   a. su disco

b. su familia

c. sus primos

d. sus hermanas

e. su coche

f. su abuela

g. sus papeles

h. sus amigas

2.5   a. su abogado

b. nuestro médico

c. su pueblo

d. mi dentista

e. tus cuadernos

f. su escuela

g. nuestras lecciones

h. mis hermanos

i. sus papeles

j. sus abuelos

2.6   a. salimos

We are leaving at ten o'clock.

b. traigo

I am bringing my (the) spring jacket.

c. cae

You fall near the school.

d. pones

You put the overcoat in the closet.

e. salgo

I go out with my friends.

f. caemos

We fall in the water.

g. traen

You bring the t-shirts.

h. caigo

I fall in the living room.

i. hace

Louis does the work.

j. hago

I am not doing anything. *or*

I do nothing.

SECTION TWO (cont'd)

2.7   a. Van de compras en la ciudad.

b. Toman el autobús a las once menos diez.

c. Hay muchas cosas.

d. El precio es mucho.

e. Necesita un regalo para su hermana.

f. Compra los pantalones cortos verdes.

g. Necesita un libro a leer.

h. Compra unos pantalones negros.

i. Compra una cinta de música clásica.

j. Están cansadas.

2.8   Adult check

2.9   a. No, es el lápiz de Luis.

b. No, es el sombrero de Antonio.

c. No, son los zapatos de Ana.

d. No, son los libros del Sr. Lopez.

e. No, es la chaqueta de Mariana.

2.10   a. Es nuestro cartel.

b. Es su disco compacto.

c. Es su revista de moda.

d. Son sus anteojos de sol.

e. Son mis guantes.

2.11   a. Yo hago la tarea.

b. Yo caigo en el parque.

c. Yo traigo las bebidas.

d. Yo salgo a las nueve.

e. Yo pongo los guantes aquí.

SECTION THREE

3.1   a. do you want

b. do you prefer

c. I prefer

d. does it begin, it begins

e. do you think

3.2   **perder** – to lose

a. pierdo	perdemos
b. pierdes	perdís
c. pierde	pierden
d. pierde	pierden
e. pierde	pierden

3.3   **querer** – to want

a. quiero	queremos
b. quieres	queréis
c. quiere	quieren
d. quiere	quieren
e. quiere	quieren

3.4   **preferir** – to prefer

a. prefiero	preferimos
b. prefieres	preferís
c. prefiere	prefieren
d. prefiere	prefieren
e. prefiere	prefieren

3.5   **comenzar** – to begin

a. comienzo	comenzamos
b. comienzas	comenzáis
c. comienza	comienzan
d. comienza	comienzan
e. comienza	comienzan

3.6   Adult check

SECTION THREE (cont'd)

3.7 a. entiende

   Mario understands the lesson.

   b. defienden

   You defend your ideas.

   c. pierdo

   I lose my blue notebook.

   d. comenzamos

   We begin to study our history.

   e. prefieren

   The boys prefer to work in the

   afternoon.

   f. pien sas

   You think about your decision.

   g. gobierna

   Mr. Gomez governs the city.

   h. preferimos

   Paco and I prefer not to receive bad

   grades.

   i. cierro

   I close the door.

   j. piensan

   The youths think about their

   accident.

3.8 a. Comienza a las diez y cuarto.

   b. Estudian de la historia de los

   Estados Unidos.

   c. Es importante al presente y al

   futuro.

   d. Gobiernan en maneras diferentes.

   e. Defienden sus ideas.

   f. Empieza con una pregunta.

   g. Cierra con una discussión de la

   pregunta?

   h. Es interestante.

3.9 a. tenemos

   b. tienen

   c. tengo

   d. tienes

   e. tiene

   f. tenemos

   g. tienen

   h. tiene

   i. tienen

   j. tengo

3.10 a. vienen

   b. vengo

   c. venimos

   d. vienes

   e. viene

   f. venimos

   g. vienen

   h. vengo

   i. viene

   j. vienen

3.11 Answers may vary. Sample answers

   are given.

   a. Tengo dos hermanos.

   b. Venimos a las ocho.

   c. Prefiero caminar/hablar por telé-

   fono/visitar a mis amigos.

   d. Comienza a las diez y media.

   e. Pienso que es interesante.

   f. La profesora cierra la puerta.

   g. No quieren tener tarea.

   h. Confieso a mi madre.

   i. No entiendo las matemáticas.

   j. Pierden los libros en la alcolba.

SECTION THREE (cont'd)

3.12 a. Tengo hambre.

b. Tenemos razón.

c. Tiene sueño.

d. Tienes que salir.

e. Tiene éxito.

f. No tienen razón.

g. Uds. tienen frío.

h. Tiene veinte años.

i. Tienen sed.

j. Tengo calor.

SECTION FOUR

4.1 a. can you

b. I play

c. eat lunch

d. we are meeting

e. I'll return

f. I'm showing

g. the game

h. I remember

i. do they cost

j. I don't know

4.2 **contar** – to count

a. cuento	contamos
b. cuentas	contáis
c. cuenta	cuentan
d. cuenta	cuentan
e. cuenta	cuentan

4.3 **mostrar** – to show

a. muestro	mostramos
b. muestras	mostráis
c. muestra	muestran
d. muestra	muestran
e. muestra	muestran

4.4 **dormir** – to sleep

a. duermo	dormimos
b. duermes	dormís
c. duerme	duermen
d. duerme	duermen
e. duerme	duermen

4.5 **recordar** – to remember

a. recuerdo	recordamos
b. recuerdas	recordáis
c. recuerda	recuerdan
d. recuerda	recuerdan
e. recuerda	recuerdan

4.6 Adult check

4.7 a. yo vuelo

b. nts. almorzamos

c. tú duermes

d. ellos vuelven

e. él puede

f. Uds. juegan

g. él/ella cuesta

h. nts. encontramos

i. ella muere

j. ellas resuelven

4.8 a. volamos

b. duerme

c. juegas

d. puedo

e. recuerda

f. devolvemos

g. encuentran

h. cuento

i. cuesta

j. almuerzas

SECTION FOUR (cont'd)

4.9 Answers may vary. Sample answers are given.

   a. Yo recuerdo la fecha. Luis recuerda la fecha.

   b. Yo almuerzo a la una.

   c. Duermen en la alcoba.

   d. Volamos a Madrid.

   e. Cuesta cinco dolares.

   f. Muestro las fotos.

   g. Encontramos a Miguel al parque.

   h. Vuelvo a las cuatro.

   i. El profesor resuelve el problema

   j. Podemos partir a las diez y media.

4.10 Answers may vary. Sample answers are given.

   a. Mario is playing basketball.

   b. Luisa is playing soccer.

   c. Thomas is playing baseball.

   d. Arthur and David are playing football.

   e. Ana and Daniela are playing tennis.

   f. Frank is a fan of tennis.

   g. It's the soccer team.

   h. Hector is doing skiing.

   i. Paul is an athlete.

   j. Lara does swimming.

4.11 Answers may vary. Sample answers are given.

   a. Van a jugar al fútbol con unos amigos en el parque.

   b. Seis amigos juegan.

   c. Puede balancear la pelota en la cabeza.

   d. Juegan por dos horas.

   e. Tiene que ayudar a su padre.

   f. El equipo de David gana el partido.

   g. Salen a las cinco.

4.12 Answers may vary. Sample answers are given.

   a. Los chicos juegan el fútbol americano.
     (The boys are playing football.)

   b. Las chicas juegan el tenis.
     (The girls are playing tennis)

   c. La familia hace la natación.
     (The family is swimming.)

   d. Los hombres juegan el básquetbol.
     (The men are playing basketball)

   e. Las chicas hacen la gimnasia.
     (The girls are doing gymnastics.)

   f. Los jugadores corren las carreras.
     (The players are running track.)

   g. Los amigos juegan el béisbol.
     (The friends are playing baseball.)

   h. Los amigos juegan el volibol.
     (The friends are playing volleyball.)

   i. El hombre le gusta el esquí.
     (The man likes skiing.)

   j. Los chicos juegan el fútbol.
     (The boys are playing soccer.)

SECTION FIVE

5.1 a. I am asking
   b. are you asking
   c. Great!
   d. it serves
   e. to clean
   f. are you saying
   g. I am saying
   h. dirty
   i. a new one
   j. does your grandmother know
   k. what
   l. I know
   m. How nice!
   n. repeats
   o. Of course

5.2 Adult check

5.3 **medir** – to measure

a. mido	medimos
b. mides	medís
c. mide	miden
d. mide	miden
e. mide	miden

5.4 **repetir** – to repeat

a. repito	repetimos
b. repites	repetís
c. repite	repiten
d. repite	repiten
e. repite	repiten

5.5 **servir** – to serve

a. sirvo	servimos
b. sirves	servís
c. sirve	sirven
d. sirve	sirven
e. sirve	sirven

5.6 a. mido
   b. servimos
   c. piden
   d. repites
   e. mide
   f. sirven
   g. pide
   h. repite
   i. repetimos
   j. sirvo

5.7 a. Pablo dice hoy.
   b. (yo) digo más tarde.
   c. (Tú) dices abril.
   d. (Nts.) decimos diciembre.
   e. Los chicos dicen enero.

5.8 Answers may vary. Sample sentences are given.
   a. La madre sirve la comida en el comedor.
   b. Mido la sala.
   c. Repetimos las frases en la clase.
   d. El alumno dice la respuesta.
   e. Sirven la comida de la cocina.
   f. Pido una blusa nueva porque necesito una blusa nueva.
   g. Sirve el helado frío.
   h. El Sr. Lopez mide tres cuartos.
   i. Digo la verdad a mis padres.
   j. Repetimos la primera frase.

5.9 a. sabe
     Lara knows how to write well.
   b. saben
     The boys know how to play soccer.
   c. sé
     I know that I need to study.
   d. sabemos
     We know how to cook tacos.

SECTION FIVE (cont'd)

e. sabes

You know how to speak Spanish.

5.10 a. conozco

I know Mr. Lopez.

b. ¿Conoces

Do you know Venezuela?

c. conocemos

We know the English teacher.

d. conoces

You know Luis.

e. conocen

You know the new student.

5.11 a. sé

I know how to speak Spanish.

b. conoces

You know Manuel.

c. conocemos

We know Madrid.

d. saben

You know the answers.

e. concoce

Anthony knows the city well.

f. conozco

I know all of my neighbors.

g. sabes

You know math.

h. sabemos

We know how to repeat the sentences.

i. sabe

You know the colors.

j. conocen

They know the new girls.

5.12 Adult check

SECTION SIX

6.1 Answers will vary. Make sure facts agree with the material presented in the text.

SECTION SEVEN

7.1 Adult check

7.2 Adult check

7.3 Adult check

7.4 a. No tiene la tarea de la clase de inglés.

b. Tiene que decir a la profesora.

c. Mariana no puede encontrar el papel. *or* No sabe donde está.

d. Va a hacer la tarea otra vez.

e. Va a hacer la tarea tan pronto que llega a casa.

7.5 a. F – Los dos tienen examen en la clase de inglés.

b. V

c. F – Estudian dos horas.

d. F – Juegan sólos hasta que llegan unos amigos.

e. V

f. F – Van a la heladería para un helado.

g. V

h. F – Caminan por el parque.

i. V

j. V

SECTION SEVEN (cont'd)

7.6   Adult check

7.7   Adult check. These activities will have various unique answers. Just check for content and correctness of grammar, spelling and word order.

7.8   a. Arturo juega el básquetbol.
       b. Los tienen hambre.
       c. Entendemos el tenis.
       d. Los estudiantes tienen razón sentir cansados.
       e. Maria quiere comprar una falda y una blusa.
       f. No puedo decidir en el suéter azul o la camisa roja.
       g. Conoces el profesor nuevo.
       h. Prefieren la natación.
       i. Los estudiantes repiten las frases.
       j. Tiene que encontrar los guantes.

7.9   Answers may vary. The following are examples of correct answers.
       a. Juegan el sábado.

       b. Prefiero poner la ropa en el armario.
       c. Me gusta el beísbol.
       d. Raúl cierra la puerta.
       e. Tengo cinco vestidos.
       f. Prefiero la chaqueta azul.
       g. Comienzan a la escuela.
       h. Sé resolver el problema.
       i. Sí, tengo éxito en la escuela?
       j. Sí, digo la verdad siempre.

7.10   1. b
       2. a

7.11   1. c
       2. a

7.12   1. c
       2. b
       3. b

7.13   1. a
       2. b
       3. b

SECTION EIGHT

8.1   1. La sala (the living room)
          a. el sofá (the sofa)
          b. el sillón (the armchair)
          c. la lámpara (the lamp)
       2. La cocina (the kitchen)
          a. el refrigerador (the refrigerator)
          b. la estufa (the stove)
          c. el lavaplatos (the dishwasher)
       3. El comedor (the dining room)
          a. la mesa (the table)

          b. las sillas (the chairs)
          c. la alfombra (the rug)
       4. La alcolba (the bedroom)
          a. la cama (the bed)
          b. la cómoda (the dresser)
          c. el armario (the closet)
       5. El cuarto de baño (the bathroom)
          a. el baño (the bathtub)
          b. el fregadero (the sink)
          c. el retrete (the toilet)

SECTION EIGHT (cont'd)

8.2 a. mi abuela
    b. mi abuleo
    c. mi tía
    d. mi tío
    e. mi hermano o yo
    f. mi hermana o yo
    g. mi primo
    h. mi prima
    i. mi padre
    j. mi madre

8.3 a. lunes, el cuatro de julio
    b. miércoles, el primero de agosto
    c. domingo, el veinte y cuatro (veinticuatro) de diciembre
    d. son las cinco y media
    e. es el mediodía or es el medianoche o son las doce
    f. son las cuatro menos cuarto (quince)
    g. treinta y tres por dos son sesenta y seis
    h. cuarenta y cuatro y treinta y nueve son ochenta y tres
    i. cincuenta y seis y veinte y dos (veintidós) son setenta y ocho
    j. noventa y ocho menos ochenta y cuatro son catorce

8.4 a. la iglesia (the church)
    b. el supermercado (the supermarket)
    c. la tienda (the store)
    d. la biblioteca (the library)
    e. el banco (the bank)
    f. el estadio (the stadium)
    g. el café (the café)
    h. el hotel (the hotel)
    i. la plaza (the town square park)
    j. el restaurante (the restaurant)

8.5 1. la mochila (the backpack)
    2. el escritorio (the desk)
    3. la bandera (the flag)
    4. el mapa (the map)
    5. el sacapuntas (the pencil sharpener)
    6. la pizarra (the blackboard)
    7. el borrador (the eraser)
    8. la tiza (the chalk)
    9. el cartel (the poster)
    10. la computadora (the computer)

8.6 1. el papel (the paper)
    2. el lápiz (the pencil)
    3. el bolígrafo (the pen)
    4. el cuaderno (the notebook)
    5. la cinta (the tape)

8.7 a. va
    Mark is going to the store.
    b. podemos
    We can leave now.
    c. duermes
    You sleep nine hours.
    d. visitan
    You visit your grandparents.
    e. salgo
    I'm going out (leaving) with my friends.
    f. leen
    Richard and George are reading the sports magazine.
    g. queremos
    Paco and I never want to know why.

SECTION EIGHT (cont'd)

h. tengo

I have a new red shirt.

i. vives

You live near the school.

j. juegan

The boys are playing baseball.

k. sirve

You serve the lady.

l. veo

I see my friends.

m. eres

You are very tall.

n. está

Paul is at the pool.

o. deciden

Anthony and Alicia decide to work.

8.8   a. está

Raúl is sick.

b. es

The car is red.

c. eres

You are my friend.

d. están

My parents are at the bank.

e. son

Thomas and Francis are from Costa Rica.

8.9   a. del, al

b. del, a la

c. de los, a las

d. de las, a los

e. de, al

8.10   a. alto, rubio

Charles is tall and blonde.

b. inteligentes, simpáticos

Louis and Arthur are intelligent and nice.

c. francesa, bonita

The French girl is pretty.

d. españolas, viejas

The Spanish churches are very old.

e. divertidas, interesantes

Gabrielle and Paul are fun and interesting.

SECTION ONE

1.1 a. chicken and rice
     b. steak
     c. ham
     d. potatoes
     e. a green salad
     f. it seems (sounds) good
     g. paella
     h. the waiter
     i. How may I help you?
     j. the specialty of the day
     k. veal stew
     l. the same for me

1.2 Adult check

1.3 Answers will vary. English for beginning is included.
     a. (For breakfast I prefer to eat):
     b. (For lunch I prefer to eat):
     c. (For dinner I prefer to eat):
     d. (With dinner I prefer to drink):
     e. (With breakfast I prefer to drink):
     f. (After school I have a snack of):
     g. (When I am very hungry, I have):
     h. (For dessert, I like a lot):
     i. (My favorite food is):
     j. (I like to prepare):

1.4 a. el tenedor, la cuchara, el cuchillo
     b. la mesa y las sillas
     c. el mantel y la servilleta
     d. el vaso
     e. la taza

SECTION TWO

2.1   a. to take a walk
      b. through
      c. What a good idea!
      d. too much
      e. I am thankful
      f. often
      g. over there
      h. the benches
      i. the fountain
      j. sit on
      k. boats
      l. How cute!

2.2   a. damos
       We are taking a walk through the country.
      b. doy
       I thank my grandmother.
      c. dan
       They give the gifts to their cousins.
      d. das
       You give the papers to the teacher.
      e. da
       The building faces the street.

2.3   a. veo
       I see my friend, George.
      b. ven
       You see the pretty flowers.
      c. ves
       You see Danielle's photos.
      d. vemos
       We see our grandparents.
      e. ve
       Alicia sees the red dress.

2.4   a. conduce
       My father drives the car.
      b. traducen
       The students translate the sentences.
      c. parece
       Mariana seems ill.
      d. agradecemos
       We are thankful to God every day.
      e. produzco
       I produce good work.
      f. reconoces
       You recognize Mr. Chavez from his photo.
      g. obedecemos
       We obey our parents.
      h. ofrece
       My brother offers to drive to the concert.
      i. aparecen
       The children appear at my door at six in the morning.
      j. desaparece
       My money always disappears quickly.

SECTION THREE

3.1   Adult check

3.2   a. a headache
       b. very loud
       c. What a pity!
       d. a sore foot
       e. What a pain!
       f. teeth ache
       g. How horrible!

3.3   a. el pelo
       b. los ojos, las orejas, los oídos
       c. la boca
       d. los pies, las piernas
       e. el cuello
       f. el estómago
       g. la pierna o la rodilla
       h. los dedos
       i. en la mano
       j. los dedos del pie

3.4   a. Maria has a sore leg. *or* Maria's leg hurts.
       b. You have sore feet. *or* Your feet ache.
       c. We have a stomachache.
       d. I have a toothache.
       e. Your hand hurts. *or* You have a sore hand.
       f. Hector has an earache.
       g. My toe hurts. *or* I have sore toe.
       h. You have a backache.
       i. You have a neckache.
       j. We have sore shoulders. *or* Our shoulders ache.

3.5   a. La boca
       b. La oreja
       c. El ojo
       d. El pelo
       e. El diente
       f. El cuello
       g. El brazo
       h. La mano
       i. La pierna
       j. El dedo de pie

3.6   a. duele
          My finger hurts.
       b. duelen
          Our feet hurt.
       c. duelen
          Their / Your backs hurt.
       d. duelen
          Your eyes hurt.
       e. duele
          His / her / your head hurts.

SECTION FOUR

4.1   a. we are going to
     b. to take a trip
     c. through
     d. finally
     e. it seems
     f. I think so.
     g. please
     h. postcards
     i. places
     j. the borders
     k. the waterfalls
     l. there are
     m. places
     n. unforgettable
     o. I hope so

4.2   a. Hace las maletas.
     b. Porque hacen un viaje a la playa.
     c. Hace muchas preguntas.
     d. Hace tres.
     e. Porque está muy ocupada.
     f. Va a su cuarto para la ropa para el viaje.
     g. Porque Anita va a ayudar.

4.3   Adult check. Answers will vary.

4.4   a. quiere decir
     b. Creo que sí.
     c. echar al correo una carta
     d. salen bien (mal)
     e. estar de pie
     f. echar de menos

4.5   Adult check. Answers will vary.

SECTION FIVE

5.1 a. feet
  b. a mile
  c. five thousand two hundred
  d. a field
  e. three hundred
  f. fifty thousand
  g. does cost
  h. twenty thousand
  i. stars
  j. the sky
  k. millions
  l. pounds
  m. a ton
  n. two thousand
  o. so many

5.2 a. seis mil ochocientos treinta
  b. un millón tres mil setecientos cincuenta y dos
  c. veinte y cuatros mil novecientos sesenta y uno
  d. novecientos ochenta y siete
  e. siete mil cuatrocientos sesenta y tres
  f. trescientos cincuenta y dos millones seiscientos setenta y uno quinientos treinta y ocho

  g. setecientos ochenta y cinco mil setenta y tres
  h. trescientos treinta y tres mil cuatrocientos cuarenta y cuatro
  i. veinte y tres mil cuatrocientos noventa y cinco
  j. novecientos setenta y cinco mil docientos cuarenta y seis

5.3 Adult check. Answers will vary.

5.4 a. cien amigos
  b. ciento noventa
  c. cuatrocientas casas
  d. quinientas personas
  e. cien ideas

5.5 a. un millón de estrellas
  b. tres millones de años
  c. mil días
  d. ochenta semanas
  e. cuarenta y cinco horas

SECTION SIX

6.1 a. Venezuela
      Caracas
   b. Columbia
      Bogota
   c. Ecuador
      Quito
   d. Perú
      Lima
   e. Bolivia
      La Paz, Sucre
   f. Paraguay
      Ascunción
   g. Uruguay
      Montevideo
   h. Argentina
      Buenos Aires
   i. Chile
      Santiago

6.2 1. h
   2. a
   3. i
   4. b
   5. c
   6. g
   7. e
   8. d
   9. b and f
  10. a
  11. f
  12. i
  13. g
  14. c
  15. d
  16. c
  17. d
  18. e
  19. b
  20. a and h

SECTION SEVEN

7.1   1. b
      2. c
      3. a
      4. b
      5. a

7.2   Translations of the questions only are listed below:

    a. What clothes do you need to begin school?
      (Answers will vary.)

    b. What clothes do you need to go to the beach?
      (Answers will vary.)

    c. What clothes do you need to play in the winter?
      (Answers will vary.)

    d. What is your favorite clothing?
      (Answers will vary.)

    e. Which sports do you prefer to play or watch?
      (Answers will vary.)

    f. When do you come to school?
      (Answers will vary.)

    g. Who knows the most in Spanish class?
      (Answers will vary.)

    h. Where do you prefer to study?
      (Answers will vary.)

    i. Why do you know Madrid so well?
      (Answers will vary.)

    j. What do you all have to do tonight?
      (Answers will vary.)

7.3   1. c
      2. b

7.4   1. a
      2. c

7.5   1. a
      2. b

7.6   Adult check

7.7   Adult check

SECTION EIGHT

8.1 a. pongo
     b. pone
     c. hago
     d. hacemos
     e. salgo
     f. sales
     j. caigo
     h. caen
     i. traigo
     j. traen

8.2 a. tengo
     b. venimos
     c. puedes
     d. recuerdan
     e. pienso
     f. juegan
     j. cierras
     h. entendemos
     i. pido
     j. sirven

8.3 a. conozco
     b. sabemos
     c. saben
     d. conoces
     e. sabe

8.4 a. Lleva los zapatos, los pantalones, una camisa, una gorra. (He is wearing shoes, pants, shirt and a cap.)
     b. Lleva el vestido, las sandalias y un sombrero. (She is wearing a dress, sandals and a hat.)
     c. Lleva un traje, una corbata, una camisa y los zapatos. (He is wearing a suit, tie, shirt and shoes.)
     d. Lleva los jeans, un suéter, y las botas. (She is wearing jeans, a sweater, and boots.)
     e. Lleva un abrigo, unos pantalones, y los zapatos. (He is wearing an overcoat, pants and shoes.)

8.5 a. los ojos
     b. la nariz
     c. la boca
     d. el hombro
     e. el estómago
     f. la mano
     g. los dedos
     h. la pierna
     i. la rodilla
     j. el pie
     k. las dedos de pie

8.6 Suggested answer format given:
     a. Me gusta jugar (something you like to play).
     b. Prefiero ir a (a place).
     c. Mi amigo va a salir a las diez.
     d. Mi color favorito es (a color).
     e. Tengo que estudiar a las siete.

8.7 a. mis
     b. nuestros
     c. tu
     d. su
     e. sus

8.8 a. Me gusta la camisa roja.
     b. Nos gusta leer.
     c. Pablo, te gusta jugar.
     d. Les gustan las camisas.
     e. Le gustan los coches.

SECTION ONE

1.1   dormirse: me dormí

      acostarse: te acuestas

                     me acuesto

      levantarse: te levantas

      cepillarse: me cepillo

1.2   a. dientes

      b. me acuesto

      c. te acuestas

      d. me peino

      e. me ducho

      f. me siento

      g. hago ejercicios

      h. bajarse de peso

      i. claro que si

      j. caminar or pasearte

1.3   Adult check

1.4   Adult check

1.5   a. el jabón

        lavarse

      b. el maquillaje

        maquillarse

      c. un peine

        peinarse

      d. el espejo

        mirarse

      e. el cepillo

        cepillarse

      f. el cepillo para dientes

        cepillarse

      g. la toalla

        secarse

      h. el reloj

        mirar

      i. los zapatos

        ponerse

      j. cepillarse los dientes

        cepillarse

1.6   Actual answers will vary, and the students' lists should include as much vocabulary as possible. As long as their lists are logical, the answers are correct.

la mañana	la tarde	la noche
despertarse	pasearse	acostarse
levantarse	irse	dormirse
maquillarse	quitarse	quitarse

1.7   1. f

      2. i

      3. j

      4. b

      5. a

      6. g

      7. c

      8. d

      9. e

      10. h

SECTION TWO

2.1 a. the dog
b. myself
c. my little sister
d. myself

2.2 There is an extra pronoun (me).

2.3 me

2.4 me

2.5 a. me
b. te
c. se
d. nos
e. os
f. se

2.6 a. myself
b. yourself
c. himself, herself, yourself
d. ourselves
e. themselves, yourselves

2.7 a. baño
b. bañas
c. baña
d. bañamos
e. bañáis
f. bañan

2.8 a. I look at myself
b. you look at yourself
c. he looks at himself
d. she looks at herself
e. you look at yourself
f. we look at ourselves
g. they look at themselves
h. they look at themselves
i. (all of) you look at yourselves

2.9 a. me levanto
b. me ducho
c. me pongo
d. me desayuno
e. me voy
f. me acuesto
g. me duermo

2.10 a. se desayuna
b. se desayuna
c. se desayuna
d. me desayuno
e. nos desayunamos
f. se desayuna
g. se desayuna
h. se desayuna
i. se desayunan
j. te desayunas

2.11 a. te levantas
b. se bajan
c. nos acostamos
d. me voy
e. se almuerza
f. se cepillan
g. nos miramos
h. se pone
i. se visten
j. se baña

SECTION TWO (cont'd)

2.12	yo	nosotros	tú
a.	me baño	nos bañamos	te bañas
b.	me voy	nos vamos	te vas
c.	me ducho	nos duchamos	te duchas
d.	me pongo	nos ponemos	te pones
e.	me duermo	nos dormimos	te duermes
f.	me aumento	nos aumentamos	te aumentas
g.	me miro	nos miramos	te miras
h.	me peino	nos peinamos	te peinas
i.	me levanto	nos levantamos	te levantas
j.	me ceno	nos cenamos	te cenas

2.13
1. I bathe (myself) in the morning.
2. They lose a lot of weight.
3. We eat breakfast at home.
4. Concha puts makeup on (herself).
5. When do you fall asleep?
6. Ellos(ellas) se aumentan de peso.
7. Usted se viste bien.
8. Yo me quito la ropa antes de que yo me ducho.
9. Después de que ella lava el perro, ella se lava.
10. Nosostros nos miramos en el espejo porque nos salimos esta noche.

2.14   Answers will vary.

2.15   Adult check

SECTION THREE

3.1 **Note:** actual sentence structure may vary. What is most important is that the student uses complete, comprehensible Spanish sentences.

a. No es buena idea dormirse tarde.

b. Es buena idea decidir cómo va a vestirse para el día que viene.

c. Sí se pone la ropa correcta, no va a estar enfermo(a).

d. Una causa del estrés es correr y preocuparse por la hora.

e. Necesito ser organizado.

3.2 a. Llueve. La temperatura es sesenta y cinco grados.

b. Hace viento. La temperatura es cuarenta y dos grados.

c. Hace sol. La temperatura es noventa y ocho grados.

d. Está nublado. La temperatura es treinta y un grados.

e. Hace calor. La temperatura es cien grados.

f. Nieva. La temperatura es veinte y cuatro grados.

g. Hace buen tiempo. La temperatura es setenta y cinco grados.

h. Hace mal tiempo. La temperatura es cincuenta y un grados.

i. Hace frío. La temperatura es doce grados.

j. Hace buen tiempo. La temperatura es ochenta grados.

3.3 Answers will vary. A logical weather condition, stated in a complete sentence, will be correct.

SECTION FOUR

4.1 -mente

4.2 -o changed to -a (masculine changed to feminine)

4.3 a. fría
 b. fríamente

4.4 a. perfecta
 b. perfectamente

4.5 a. no, it is neutral
 b. no

4.6 a. enojada   enojadamente
 b. bonita   bonitamente
 c. alta   altamente
 d. cuidadosa   cuidadosamente
 e. decente   decentemente
 f. propia   propiamente
 g. sola   solamente
 h. insonorosa   insonorosamente
 i. permanente   permanentemente
 j. rara   raramente

4.7 a. <u>furioso</u>   furiosamente
              furiously
 b. <u>emocionada</u>   emocionadamente
              excitedly
 c. <u>intelegentes</u>   inteligentemente
              intelligently
 d. <u>correctos</u>   correctamente
              correctly
 e. <u>cortés</u>   cortesamente
              courteously

4.8 a. I watch (or look at) this program.
 b. I watch (or look at) that program. (near)
 c. I watch (or look at) that program. (far)
 d. I want those cookies.
 e. I want those cookies. (near)
 f. I want those cookies. (far)

4.9 a. ese niño
     esos coches
     esas mujeres
     esa chica
 b. aquel lápiz
     aquellas banderas
     aquellos hombres
     aquella hermana
 c. estas tareas
     esta clase
     estos objetos
     este chaleco

4.10 a. ese
 b. este
 c. este
 d. aquella
 e. estos
 f. esa
 g. aquellas
 h. estas
 i. esos
 j. aquella

4.11 Adult check

(NO ACTIVITIES FOR SECTION FIVE)

SECTION SIX

6.1 1. b
2. c
3. a
4. c
5. a
6. c
7. c
8. a
9. a
10. c
11. c
12. a
13. c
14. b
15. b

6.2 1. b
2. c
3. b
4. c
5. a
6. c
7. b
8. b
9. c
10. b

6.3 a. tres
b. treinta
c. veinte y nueve
d. ochenta y siete
e. once
f. cuarenta y uno
g. diez
h. cero
i. trece
j. once

6.4 a. j
b. h
c. c
d. d
e. g
f. b
g. f
h. e
i. a
j. i

6.5 a. h
b. f
c. g
d. c
e. a
f. d
g. j
h. e
i. i
j. b

6.6 1. v
2. f, el arroz
3. f, los dulces
4. f, el queso
5. v
6. v
7. v
8. v
9. f, la mantequilla
10. v

SECTION 6 (cont'd)

6.7   a. tengo sed
      b. tienen frío
      c. tenemos suerte
      d. tiene miedo
      e. tienes hambre
      f. tienen prisa
      g. tiene sueno
      h. tienen ganas de
      i. no tengo razón
      j. tengo sed

6.8   a. Yo tengo hambre
      b. Maria tiene miedo
      c. No tenemos ganas de leer
      d. Ellos tienen sed
      e. Ustedes tienen calor
      f. Yo tengo razón
      g. Nosotros tenemos suerte
      h. Yo tengo prisa
      i. Ustedes tienen ganas de estudiar
      j. Tú tienes sueno

6.9   Answers will vary. All answers, however, should contain the **yo** form of **tener**.

6.10 a. me, te
      b. gustan, le gustan
      c. gusta, nos
      d. gusta
      e. les
      f. gusta
      g. nos gusta
      h. gustan
      i. le
      j. te

6.11 a. Ramon va a escribir una tarea.
      b. Vamos a ir a una fiesta.
      c. Yo voy a pedir un helado en un restaurante.
      d. Tú vas a aprender a montar una bicicleta.
      e. Uds. Van a comprar la ropa nueva.
      f. Yo voy a viajar a la casa de mi abuelita.
      g. Usted va a ayudar a su mamá.
      h. Ellos van a estar de vacaciones.
      i. La clase va a sufrir un examen.
      j. Yo voy a bañarme.

6.12   Answers will vary.

SECTION SEVEN

7.1   a. mirarse

     b. ponerse

     c. acostarse

     d. ponerse a dieta

     e. maquillarse

     f. secarse

     g. pasearse

     h. dormirse

     i. quitarse

     j. irse

     k. ducharse

     l. vestirse

     m. cepillarse

     n. despertarse

     o. bajarse de peso

7.2   1. d

     2. g

     3. i

     4. h

     5. a

     6. b

     7. c

     8. e

     9. j

   10. f

7.3   Answers given are for demonstration. A logical response, written in a complete Spanish sentence, is acceptable.

     a. Hace frío.

       La temperatura es veinte grados.

     b. Hace sol.

       La temperatura es noventa grados.

     c. Llueve.

       La temperatura es cuarenta grados.

     d. Llueve.

       La temperatura es cincuenta grados.

     e. Hace viento.

       La temperatura es treinta grados.

7.4   a. me   d. nos

     b. te   e. os

     c. se   f. se

7.5   1. c

     2. b

     3. a

     4. c

     5. c

     6. a

     7. b

     8. b

     9. a

   10. c

7.6   a. nos bañamos

     b. te desayunas

     c. se acuestan

     d. se cepilla

     e. me lavo

     f. se seca

     g. se quitan

     h. nos peinamos

     i. se pone

     j. te vas

     k. se maquillan

     l. nos duchamos

     m. se visten

     n. se duerme

     o. se despierta

SECTION SEVEN (cont'd)

7.7 a. Ella está enojada y __se__ va _____
rapidamente.

b. Yo __me__ despierto _____ temprano.

c. Ella no va a _____ duchar __se__
hasta la manana.

d. __se__ prefieren _____ vestir bien.

e. Despues de trabajar en el jardin, tú
__te__ lavas _____ en el baño.

f. ¡Ay cuánto que comí! Yo voy _____
a _____ aumentar __me__ de peso.

g. ¡ _____ no __se__ levanta _____ ella
a tiempo?

h. Nunca sale sin _____ maquillar
__se__ .

i. Necesito una toalla. Yo __me__ seco
_____ pronto.

j. Hace frío. Uds. __se__ ponen _____
un abrigo.

7.8 a. elegante
b. cruel
c. antipatico(a)
d. celoso(a)
e. armargo(a)
f. inteligente
g. interesado(a)
h. lujoso(a)
i. encantado(a)
j. difícil

7.9 a. altamente
b. ricamente
c. bonitamente
d. pesadamente
e. aburridamente
f. mal
g. carinosamente
h. facilmente
i. habilmente
j. satisfechamente

7.10 1. a
2. c
3. a
4. b
5. c
6. b
7. a
8. a
9. c
10. c

7.11 a. ese
b. aquella
c. esas
d. este
e. aquella
f. esos
g. esas
h. aquellas
i. Esta
j. Estas

SECTION SEVEN (cont'd)

7.12 a. ese espejo

b. estos cepillos para dientes

c. este dormirtorio

d. esas bañeras

e. aquel reloj

f. esos zapatos

g. estos peines

h. ese cepillo

i. aquel baño

j. esta pasta dentífrica

k. estas secadoras

l. esa toalla

m. aquellas duchas

n. este champú

o. esos almuerzos

7.13 a. f

b. f

c. f

d. f

e. f

7.14 a. v

b. f

c. f

d. f

e. v

7.15 a. Sí necesitan mucho dinero. Es elegante.

b. El restaurante está en el centro.

c. Ramona conduce al restaurante.

d. Ellas van a comer la sopa y el pollo con el arroz.

e. A María no le gusta levantarse temprano.

SECTION ONE

1.1   a. lejos de
      b. me interesa
      c. caminar
      d. un permiso de conducir
      e. cuesta
      f. me gustaría
      g. por
      h. los trenes
      i. un billete
      j. la estación

1.2   Adult check

1.3   a. you are
      b. he is
      c. she is
      d. you are
      e. we are
      f. they are
      g. they are
      h. all of you are

SECTION TWO

2.1   a. el autobús
      b. el tren
      c. el avión
      d. el metro
      e. el carro
      f. la motocicleta
      g. la bicicleta
      h. el bote
      i. la acera
      j. el pasaporte

2.2   a. Tú viajas por el autobús.
      b. La madre viaja por el tren.
      c. Yo viajo por el avión.
      d. Ud. y yo viajamos por el metro.
      e. Uds. viajan por el automóvil.
      f. La familia viaja por la moto.
      g. Ella viaja por la bici.
      h. Ntas. viajamos por el barco.
      i. Ellos viajan a pie.
      j. Ud. viaja con un pasaporte.

2.3   Answers will vary but should follow the model in structure and grammar. The Ud. form of **usar** and **para ir** should be used in each response.

SECTION THREE

3.1   a. Está viviendo
      b. Están quedando
      c. Estoy comprando

3.2   a. vivir
      b. quedar
      c. comprar

3.3   a. yo form of estar
      b. a form of decidir

3.4   I am

3.5   I am deciding

3.6   a. I am deciding
      b. she is living
      c. they are staying
      d. I am buying

3.7   a. tú estás viviendo
      b. tú estás quedando
      c. tú estás comprando

3.8   a. estamos viviendo
      b. estamos quedando
      c. estamos comprando

3.9   a. estoy yendo
      b. estoy paseando
      c. estoy viajando
      d. estoy comiendo
      e. estoy abriendo

3.10 **yo** estoy yendo   **nts.** estamos yendo
     tu estás yendo   **vts.** estáis yendo
     el está yendo   **ellos** están yendo
     ella está yendo   **ellas** están yendo
     Ud. está yendo   **Uds.** están yendo

3.11   **O – U**
      a. muriendo
          E – I
      b. sintiendo
      c. prefiriendo
      d. divirtiendo
      e. vistiendo
      f. pidiendo

3.12   Adult check

3.13   a. cantando
      b. bebiendo
      c. abriendo
      d. escribiendo
      e. gustando
      f. vendiendo
      g. brillando
      h. haciendo
      i. saliendo
      j. marchando

3.14   a. Carlos está estudiando
      b. están escribiendo
      c. están leyendo
      d. está arendiendo
      e. está explicando
      f. estoy pensando
      g. está preparando
      h. estamos mirando el mapa
      i. está contando
      j. está entendiendo

SECTION THREE (cont'd)

3.15 a. Mama está lavando la ropa.

 b. Estoy estudiando.

 c. Mi hermano está limpiando el cuarto.

 d. Están trabajando en el garaje.

 e. No está podiendo ir hoy.

 f. Nos estamos vistiendo.

 g. Está jugando al golf.

 h. Está leyendo el periodico.

 i. Estoy escribiendo una tarea.

 j. No está prefiriendo visitarte.

3.16 Adult check

SECTION FOUR

4.1 Examples:

 Yo estoy en las montañas.

 Yo esquío.

 Yo escalo el pico.

4.2 Examples:

 Ellos están a la playa.

 Ellos se pasean a bote.

 Ellos nadan.

 Ellos toman el sol.

4.3 Examples:

 Estás en las montanas.

 Sacas fotos.

 Montas a caballo.

4.4 Examples:

 Estamos en la ciudad.

 Comemos en el restaurante.

 Sacamos las fotos.

4.5 Adult check

4.6 Examples:

 a. Viaja en junio

 b. Viaja en avión

 c. Tres van

 d. Prefieren visitar los puntos de interés

 e. Les gusta ir a la playa

4.7 Answers will vary.

4.8 Adult check

4.9 a. false

 b. true

 c. true

 d. false

 e. false

 f. false

 g. true

 h. true

 i. false

 j. true

 a. El amigo de Enrique es Paco.

 d. Enrique va a la playa.

 e. Enrique prefiere nadar.

 f. Hace frio en Colorado.

 i. Carlota saca fotos.

SECTION FIVE

5.1 a. la tarea
     b. un regalo
     c. la and lo
     d. pronouns
     e. direct object pronouns

5.2 a. singular, feminine
     b. singular, masculine

5.3 Answers will vary, but any feminine,
     singular noun prefaced by **la** or **una**
     is acceptable. Examples:
     a. la familia
     b. la chica
     c. la clase

5.4 Examples:
     a. el juego
     b. un señor
     c. el hermano

5.5 a. las
     b. los

5.6 Answers may vary. Examples:
     a. las bebidas
     b. las mujeres
     c. las ciudades

5.7 a. los asientos
     b. los pueblos
     c. los estudiantes

5.8 a. tengo   quiere
     b. yo   ella

5.9 a. las
     b. los
     c. lo
     d. la
     e. la

5.10 a. Yo (**X**) veo las flores.
     b. Mañana, (**X**) vamos a buscar el
        correo.
     c. No (**X**) quieres un postre.
     d. Manolo y tu (**X**) prefieren bailar.
     e. (**X**) Necesito leer el periódico.
     f. Por toda su vida (**X**) escribe las
        novelas.
     g. Ellos (**X**) venden los coches.

5.11 a. Yo veo las flores.
     b. Mañana, vamos a buscar el correo.
     c. No quieres un postre
     d. Manolo y tú previeren bailar.
     e. Necesito leer el periódico.
     f. Por toda su vida escribe novelas.
     g. Ellos venden los coches.

5.12 a. Yo las veo.
     b. Mañana, lo vamos a buscar.
     c. No lo quieres.
     d. Manolo y tú lo prefieren.
     e. Lo necesito leer.
     f. Por toda su vida las escribe.
     g. Ellos los venden.

5.13 1. c
     2. b
     3. a
     4. a
     5. b
     6. c
     7. a
     8. c
     9. a
     10. c

SECTION FIVE (cont'd)

5.14 a. te

   b. la

   c. me

      me

   d. la

   e. Las

   f. nos

   g. Lo

   h. los

      los

   i. la

      la

   j. las

5.15 a. Mi abuela visita a(mi mamá)todas
      Las Navidades.
      Mi abuela la visita todas Las
      Navidades.

   b. ¿Por favor, puedes repetir
      (la cuestión)otra vez?
      ¿Por favor, la puedes repetir
      (puedes repetirla) otra vez?

   c. No necesitan (la ayuda)ahora, gra-
      cias.
      No la necesitan, gracias.

   d. Me gusta ver(a tí)con frecuencia.
      Me te gusta ver me gusta verte con
      frecuencia.

   e. Escribimos (mucha tarea)en la clase
      de español.
      La escribimos en la clase de
      español.

   f. Estudio (los libros)de Huidobro.
      Lo estudio.

   g. Montas(a motocicleta.)
      La montas.

   h. El chófer coge(a tí y a mí)a las siete.
      El chófer nos coge a las siete.

   i. No quiero (una ensalada)con la
      cena.
      No la quiero con la cena.

   j. El hermano va a lavar(al perro.)
      El hermano lo va a lavar (va a
      lavarlo).

   k. Mi familia invitan(a Ustedes)
      Mi familia los invitan.

5.16 a. Necesito el pasaporte y el permiso
      internacional de conducir.

   b. Hago una lista.

   c. Es bueno escribir la lista una sem-
      ana antes de salir.

   d. Es difícil llevarlas.

   e. Puedo evitar aburrirme por estudi-
      ar el país antes de partir.

   f. Debo llegar una hora temprano.

   g. Necesito facturar el equipaje.

   h. Se dirige al turista/al viajero.

5.17   Adult check. Answers will vary.

5.18   Adult check

218

SECTION SIX

6.1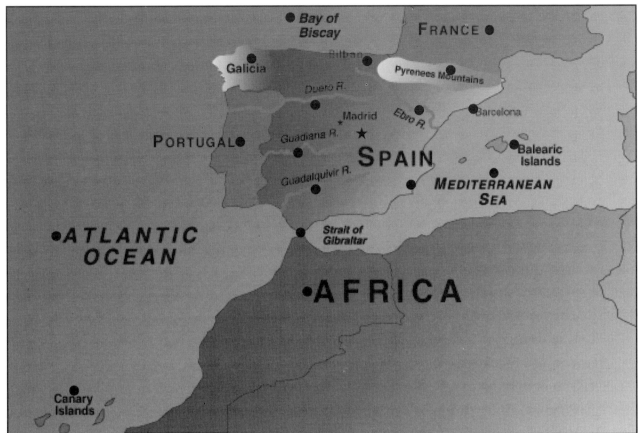

6.2 a. city
b. river
c. land mass
d. city
e. city
f. river
g. country
h. land mass
i. city
j. river

6.3 a. The Iberian Peninsula
b. Madrid
c. Five
d. The Guadalquivir River
e. Africa
f. The Bay of Biscay
g. Portugal
h. France

i. The Pyrenees Mountains
j. Barcelona

6.4 a. F
b. F
c. V
d. F
e. V
f. V
g. F
h. F
i. V
j. V

a. Only the Guadalquivir is navigable.
b. Madrid is the capital.
d. France is north of Spain.
g. Catalan is spoken in Barcelona.
h. The Atlantic Ocean is west of Spain.

SECTION SEVEN

7.1   a. c

      b. a

      c. c

      d. a

      e. a

      f. b

      g. a

      h. a

      i. b

      j. c

7.2   a. They are living.

      b. You are singing

      c. They are being.

      d. It is dying.

      e. You are reading.

      f. She is driving.

      g. Paco is falling down.

      h. We are serving.

      i. All of you are finding.

7.3   a. hablando

      b. entendiendo

      c. dando

      d. trayendo

      e. durmiendo

      f. escupiendo

      g. visitiendo

      h. teniendo

      i. escribiendo

      j. divirtiendo

7.4   a. están vendiendo

      b. está vistiendo

      c. estoy teniendo

      d. está pagando

      e. están conociendo

      f. estás yendo

      g. estamos llegando

      h. está distribuyendo

      i. estamos estando

7.5   a. me

      b. te

      c. lo, la

      d. nos

      e. los, las

7.6   a. las

      b. las

      c. lo

      d. lo

      e. me

      f. Te

      g. Lo

      h. Nos

      i. Lo

      j. Las

7.7   a. Yo lo quiero dar a la iglesia (quiero darlo).

      b. Elena la escribe a máquina.

      c. ¿Lo oyes tú?

      d. La madre las cocina.

      e. ¿Dónde los va a poner? (va a ponerlos)

      f. El turista la hace.

      g. Mis tíos me visitan el sábado.

      h. ¿Pueden Uds. Ayudarnos? (nos pueden ayudar)

      i. Ella no los (las) puede ver (puede verlos [las]).

      j. Lo siento, no puedo oírte (no te puedo oír).

SECTION SEVEN (cont'd)

7.8

SECTION EIGHT

8.1 Answers may vary. As long as they are logical to the illustration and reflect an understanding of the task, they are acceptable. Suggested answers are given.

a. Hace viento
Está nublado.
La temperatura es cincuenta grados.

b. Hace calor.
Hace buen tiempo.
La temperatura es noventa y cinco grados.

c. Llueve.
Hace mal tiempo.
La temperatura es treinta y cinco grados.

8.2 a. el jabón
b. el espejo
c. el cepillo
d. el peine
e. el maquillaje
f. la toalla
g. la pasta dentífrica
h. la afeitadora
i. la secadora
j. el champú

SECTION EIGHT (cont'd)

8.3   1. a
2. c
3. a
4. b
5. a
6. a
7. b
8. a
9. b
10. a

8.4   a. aquella
b. esta
c. esos
d. estos
e. aquellos
f. Esa
g. ese
h. este
i. Aquellas
j. estas

8.5   a. estos
b. esta
c. aquellos
d. esos
e. esas
f. aquel
g. esta
h. esa
i. Este
j. aquella

8.6   a. themselves
b. yourself
c. yourself
d. ourselves
e. herself
f. themselves
g. yourselves
h. ourselves
i. myself
j. yourself

8.7   a. se
b. se
c. quitar<u>te</u>
d. secar<u>me</u>
e. nos
f. aumentar<u>se</u>
g. se
h. lavar<u>te</u>
i. se
j. nos

8.8   a. (el) se afeita
b. (yo) me acuesto
c. (nts.) nos lavamos
d. (tú) te vistes
e. (Uds.) se miran
f. (ellos) se van
g. (Manuela) se cena
h. (Ud.) se despierta
i. (las señoras) se bajan de peso
j. (nts.) nos almorzamos

SECTION EIGHT (cont'd)

8.9 a. nos bañamos
    b. me visto
    c. te almuerzas
    d. se divierte
    e. se afeita
    f. se acuestan
    g. nos lavamos
    h. me voy
    i. se aumentan
    j. te cenas

8.10 a. alta   altamente
    b. sospechosa   sospechosamente
    c. graciosa   graciosamente
    d. elegante   elegantemente
    e. caliente   calientemente
    f. poderosa   poderosamente
    g. enojada   enojadamente
    h. débil   debilmente
    i. dichosa   dichosamente
    j. tortuosa   tortuosamente

SECTION ONE

1.1 a. downtown
     b. some things
     c. asked me
     d. to wait for you
     e. the butcher shop
     f. the bakery
     g. the pastry shop
     h. the stationary store
     i. a butcher
     j. meat
     k. the best candies
     l. in the world
     m. we are lucky
     n. to agree
     o. with you

1.2 Adult check

1.3 a. la librería, el librero
     b. la carnicería, el carnicero
     c. la pastelería, el pastelero
     d. la zapatería, el zapatero
     e. la panadería, el panadero
     f. la lechería, el lechero
     g. la frutería, el frutero
     h. la dulcería, el dulcero
     i. la florería, el florero
     j. la papelería, el papelero

1.4 a. frutero
     b. la florería
     c. la farmacia
     d. la carnicería y la panadería
     e. la dulcería
     f. la librería
     g. los zapatos
     h. los pasteles
     i. la papelería
     j. la lechería

1.5 a. la dulcería
     b. la carnicería
     c. la florería
     d. la zapatería
     e. la heladería
     f. la panadería
     g. la librería
     h. la papelería
     i. la frutería
     j. la farmacia

SECTION TWO

2.1 a. her
     b. her
     c. you
     d. them
     e. me

2.2 a. Frank is bringing me a book.
     b. I am buying him a drink.
     c. I have to give you the news.
     d. They are selling the car to them.
     e. You are offering us a gift.
     f. You are lending her your car.
     g. They are promising us to arrive on time.
     h. We are announcing the award to you.
     i. The mother is serving them the food.
     j. The teacher is returning the homework to you.
     k. They are showing us the photos.
     l. I have to give you this paper.
     m. We are selling them (you) the house.
     n. You can serve them the tea.
     o. You are explaining the lesson to me.

2.3 a. Luis le vende a él su auto.
     b. Les doy a Uds. las gracias.
     c. Les describimos a ellos el viaje.
     d. No le dice a ella el secreto.
     e. El padre le lee a él un cuento.
     f. Estamos mostrando les a ellos la carta.
     g. Tenemos que darle las frutas.
     h. Deseo servirles la cena a las ocho.
     i. Le ofrezco ocho dolares.
     j. La clase les canta la canción.

2.4 a. Les muestro mis fotos (or another something that can be shown.)
     b. Le compramos un regalo de Navidad (cumpleaños).
     c. Le presto cicuenta dolares.
     d. Voy a darle las noticias mañana.
     e. Le doy el suéter rojo.

2.5 Adult check

SECTION THREE

3.1 a. you have to write it to her

b. she wants to know them

c. she can tell her them

d. she is paying you for writing it

e. she loves us

f. I know it

g. doesn't think so

3.2 Adult check

3.3 a. Juan se lo vende.

b. Se la escribe.

c. Se los traemos.

d. La profesora se la explica.

e. Los chicos se lo describen.

f. Se los envio.

g. Se la pagamos.

h. Se las enseñas.

i. La madre se lo lee.

j. Se las muestran.

3.4 a. La profesora está explicándoselo.

b. Tenemos que devolvérselo.

c. Mario y Luis están describiéndoselos.

d. Debo enviársela.

e. Prefieres enseñárselas.

f. Prometen prestármelo.

g. Estoy dándotelas.

h. Están mostrándonoslas ahora.

i. Quiero preparársela.

j. Estás pagándomela.

SECTION FOUR

4.1 a. él

b. nosotros

c. ti/Ud./Uds. (any are acceptable)

d. mí

e. ellos

f. ti/Ud./Uds. (any are acceptable)

g. ella

h. mí

i. nosotros

j. él

4.2 a. debajo de él

b. entre nosotros

c. al lado de ti/Ud./Uds. (all acceptable)

d. conmigo

e. de ella

f. enfrente de ellos

g. a nosotros

h. para ella

i. sobre/encima de ellos

j. en ti/Ud./Uds. (all acceptable)

4.3 a. está enfrente de ella

b. está al lado de ellas

c. está detrás de mí

d. está entre nosotros

e. está lejos de ellos

f. está encima de ti

g. está debajo de Uds.

h. está a través de él

SECTION FIVE

5.1 a. because of
b. instead of
c. excuse me
d. generally
e. again
f. by heart
g. in spite of
h. in a low voice
i. in a loud voice
j. of course
k. therefore

5.2 Answers may vary. Samples given.
a. Por lo general lo hago de esta manera.
b. Va a menudo.
c. No viaja a causa del costo.
d. Yo puedo con mucho gusto.
e. Abre a las diez en punto.
f. Quiero sentarme aquí en lugar de allí.
g. No sé pero a pesar de ser tarde vamos a divertirnos.
h. Puede verlas por todas partes.
i. Quiero leer en voz alta (baja).
j. Con permiso. Voy a mirar.

5.3 Adult check

5.4 a. Necesita un libro sobre la historia de España.
b. Tiene que hacer un reportaje en voz alta mañana.
c. Porque Yolanda espera hasta el fin.
d. Ofrece ayudarla.
e. Va a ayudarla encontrar un libro.

5.4 Answers may vary. Suggestions are given.
Vamos a la carnicería *en seguida/de nuevo*. Mi madre quiere la carne *en lugar del* pescado. *Por lo general/A menudo* comemos la carne en lunes y el pescado en el martes. *Con frecuencia/a menudo* nos gusta comer el arroz con pollo. Al llegar a la carnicería decidimos comprar el jamón *a causa de* su precio bajo. Parece delicioso.

5.5 Adult check

SECTION SIX

6.1 a. Galicia
b. the Moors
c. the plaza
d. the tertulia
e. Castile
f. paseo
g. Leon
h. the church and the government building
i. Andalucia
j. Asturias

SECTION SEVEN

7.1 a. Quieren ir de compras.

    b. Necesitan cosas para la fiesta de cumpleaños de su madre?

    c. Visitan la carnicería, la frutería, la papelería, la heladería, y la pastelería.

    d. No tienen regalo.

    e. Corre a la librería.

    f. Compra un libro de jardines y flores para su madre.

    g. Asisten toda la familia y unos amigos.

    h. Es maravillosa.

    i. Sí, le gusta mucho.

    j. Están contentos.

7.2 Answers will vary. Translations of the questions are given.

    a. Who lives next to your house?

    b. Where are you putting the books?

    c. When are you going to leave?

    d. Where is the ice cream store?

    e. How are they going to present the report?

    f. Who is giving me the book?

    g. Where is he going to leave you?

    h. What does Luis want to give her/you/him?

    i. How much money is your father giving you?

    j. Who is selling them the car?

7.3 a. Maria se la da.

    b. Nts. se las traemos.

    c. Paco me la prepare.

    d. Yo te lo trae.

    e. Se las muestras.

    f. Vamos a preparárselas.

    g. Tienes que mostrármelo.

    h. Quiere decírnosla.

    i. Estamos mostrándoselo.

    j. Está diciéndosela.

7.4 1. b

    2. a

7.5 1. c

    2. b

    3. a

7.6 1. a

    2. c

7.7 1. c

    2. a

    3. a

7.8 Adult check

SECTION EIGHT

8.1 a. I see him / you / it.

    b. You help me.

    c. They are not telling us.

    d. I can visit you.

    e. We want / love them.

8.2 a. Los tenemos.

    b. Me traen el agua.

    c. Voy a escribirte.

    d. La ves.

    e. La necesita.

8.3 a. I am working today.

    b. We are writing the lessons.

    c. You are telling the truth.

    d. They are going to the candy store.

    e. Paco is playing soccer.

8.4 a. Estoy pensando de ellos.

    b. Estamos llevando el autobús.

    c. Está viviendo aquí.

    d. Están saliendo ahora.

    e. Estás durmiendo.

8.5 a. Paul is more intelligent than Arthur.

    b. This bus is newer than that bus.

    c. That train is faster than the other.

    d. My bike is not as big as yours.

    e. His car seems not as new as mine.

8.6 a. Miguel as más bajo que usted / ti.

    b. La escuela es más difícil que el fútbol.

    c. La historia es menos aburrida que el inglés

    d. Los aviones son más rápidos que los trenes

    e. Las bicicletas son más despacias / lentas que los coches.

8.7 a. Spanish is the easiest of the languages.

    b. Planes are the fastest of the means of transportation.

    c. Spain has the prettiest beaches in the world.

    d. Roses are the best of the flowers.

    e. Basketball is the most exciting of the sports.

8.8 a. Soy la más rubio / a de mi familia.

    b. Mi hermano es el mejor jugador de fútbol en la escuela.

    c. Nueva York es la ciudad más grande de los EEUU.

    d. El tenis es el deporte más popular de nuestra escuela.

    e. Este libro es el menos interesante de la biblioteca.

SECTION ONE

1.1　a. No sabe. Está hablando de muchos lugares interesantes.

　　b. Va a la playa.

　　c. Les gusta nadar, tomar el sol, construir castillos de arena y caminar.

　　d. Quiere ir a Florida a DisneyWorld.

　　e. Quieren conducir por unos estados.

　　f. Quiere ir en tren.

　　g. Quiere ir a Costa Rica.

　　h. Quiere ver las tortugas y una finca de mariposas y subir un volcán.

　　i. Quieren ver los estados por el río Mississippi.

　　j. No quiere viajar en cocho con su hermana y su hermanito.

1.2

viajar	correr	subir
viajo	corro	subo
viajas	corres	subes
viaja	corre	sube
viajamos	corremos	subimos
viajáis	corréis	subís
viajan	corren	suben

1.3　Answers will vary. Check for proper grammar.

1.4　1. a
　　2. c
　　3. b
　　4. c
　　5. c
　　6. b
　　7. a

1.5　a. el tren
　　b. el autobus
　　c. a pie
　　d. el avión
　　e. el coche

1.6　Adult check

1.7　Suggested answers are given.

　　a. Paco está nadando.

　　b. Luisa y Elena están cocinando.

　　c. El Sr. Gomez está durmiendo.

　　d. La Srta. Lopez está enseñando.

　　e. El Sr. y la Sra. Chinchón están viajando.

　　f. Yo estoy leyendo.

　　g. Paco y yo estamos mirando la tele.

　　h. Ana está bebiendo café.

　　i. Los estudiantes están escribiendo.

　　j. Jorge está corriendo.

1.8　Suggested answers are given.

　　a. Están jugando en el parque. (en la escuela, or other logical place.)

　　b. Estoy comprando las frutas (or other logical purchase)

　　c. Luis (or other person) está viniendo ahora.

　　d. Estoy estudiando el español para aprenderlo. (or other reason)

　　e. Estamos mirando (and the name of a movie.)

SECTION TWO

/2.1 a. Es recepcionista.

    b. Va a trabajar para el Doctor Chavez.

    c. Comienza mañana.

    d. Va a llevar el vestido azul y los zapatos azules.

    e. Quiere (Le gustaría) hacer una buena impresión.

    f. Puede despertarse temprano.

    g. Le gusta desayunarse un desayuno grande.

    h. Trabaja nueve horas.

2.2 a. Es mecánico.

    b. Es médico.

    c. Es profesora.

    d. Es arquitecto.

    e. Es enfermera.

    f. Es abogado.

    g. Es dependiente.

    h. Es artista.

    i. Es fotógrafo.

    j. Es actor.

2.3 a. el mecánico

    b. el fotógrafo

    c. la enfermera/el médico

    d. el policia

    e. el dentista

    f. la secretaria

    g. la profesora/el profesor

    h. el jugador

    i. el actor

    j. el abogado

2.4 1. c

    2. a

    3. d

    4. b

    5. a

2.5 a. me cepillo – I brush my teeth,

    b. te lavas – You wash every day.

    c. nos recordamos – We remember the answers.

    d. desayunan – The children eat breakfast at seven-thirty.

    e. se llama – Her name is Alicia.

    f. se quitan – The girls take off their shoes.

    g. me peino – I am combing my hair.

    h. se pone – Paco is putting on his hat.

    i. se queda – The teacher is staying in the class.

    j. nos levantamos – We get up at six o'clock.

2.6

a. soy	profession
b. están	location
c. estamos	health
d. es	description
e. estás	present participle
f. somos	origin
g. Son	time
h. estoy	emotion
i. eres	characteristic
j. está	condition/state

SECTION TWO (cont'd)

2.7 1. c
2. a
3. b
4. b
5. d

2.8 Any ten: maternales, bonitas, querida, hermosas, interesantes, diferentes, pequeña, especiales, azul, grandes, pequeños, constante, grande, especial

2.9 To correct this activity find the ten adjectives they have chosen, then make sure they are in the above list and in the correct place in the chart:

masculine singular: amarillo
constante
grande
especial

feminine singular: querida
pequeña
azul
constante
grande
especial

masculine plural: maternales
interesantes
diferentes
especiales
grandes
pequeños

feminine plural: maternales
bonitas
hermosas
interesantes
diferentes
especiales
grandes

SECTION THREE

3.1 a. Luis manda la paella y una ensalada.
b. Jorge manda la menestra de ternera y una ensalada.
c. Luis bebe agua fría y Jorge bebe té con limon.
d. Es elegante pero no muy caro.
e. Quiere ser estudiante intercambio a Japon.
f. Es una experiencia inolvidable.
g. Quiere ir a Francia o Inglaterra.
h. Le gusta la comida italiana.
i. Piensa que la comida dice mucho de la gente.
j. Buen provecho.

3.2 Adult check

3.3 Adult check

3.4 a. veinte y cinco
dos
diez y siete, treinta

b. quince, treinta y tres
veinte y uno
sesenta y ocho

c. seis, treinta, treinta y seis
veinte y ocho, cienta

3.5 Adult check

3.6 Adult check

SECTION THREE (cont'd)

3.7 a. No está debajo de ella.

b. No está en él.

c. No está enfrente de ella.

d. No está al lado de él.

e. No está sobre él.

f. No está encima de ella.

g. No está detrás de él.

h. No está cerca de ella.

i. No está a él.

j. (Answers will vary.)

SECTION FOUR

4.1 a. Busca sus libros.

b. Porque la Sra. Lopez quiere los libros hoy.

c. Ella dice palabras enojadas.

d. La madre sabe.

e. Su hermano los devuelve a la biblioteca

f. Tiene que devolver las revistas.

g. Hay un examen de inglés en diez minutos.

h. Necesita estudiar unos minutos.

i. Piensa que olvida todo.

j. Puede ayudarle.

4.2 Paul has to finish his homework. His mother wants to see <u>the homework</u> when he finishes <u>the homework</u>. Paul likes <u>his mother</u> to go over <u>the homework</u>. She examines <u>the homework</u> and identifies any problems he has. She tells <u>Paul</u> where he needs to look things over again. Then he corrects <u>the homework</u> and she looks over <u>the homework</u> again. Paul then puts <u>the homework</u> in his book bag so that he remembers to take <u>the homework</u> to school so that he can give <u>the homework</u> to his teacher. She grades <u>the homework</u> and gives <u>the homework</u> back to <u>Paul</u>. He receives a good grade and cannot wait to tell his mother how well he did. She tells <u>Paul</u> how proud she is of <u>Paul</u>.

4.3 a. the homework

b. it

c. Paul

d. him

e. after the verb

4.4

a. it	Direct
b. to her	Indirect
c. them	Direct
d. us	Indirect
e. them	Indirect
f. you	Indirect
g. them	Direct
h. it	Direct
i. it	Direct
j. you	Indirect

4.5 a. Lo traigo a la fiesta.

b. Le damos un regalo.

c. Los visitamos.

d. (Los) Tenemos que recordar(los)

e. (La) Decidimos escoger(la).

f. Lo veo.

g. Las traigo.

SECTION FOUR (cont'd)

h. (Las) Estamos preparando(las).

i. (Le) Estoy diciendo(le) la verdad.

j. La tomo.

4.6 a. estos

    b. esas

    c. aquel

    d. aquellos

e. este

f. ese

g. estas

h. esos

i. aquella

j. esta

SECTION FIVE

5.1 a. Pueden ir al cine o ir al parque.

    b. No quiere ir al cine.

    c. Ningunas de las películas le interesan.

    d. Quieren jugar al fútbol.

    e. Van a jugar tres horas.

    f. Asisten al mismos colegio.

    g. Es el estudiante intercambio de Australia.

    h. Sí, juega bien.

    i. Juega con un equipo a Australia.

    j. Es listo a jugar.

5.2 a. sabe

    b. conozco

    c. conoces

    d. sabemos

    e. saben

    f. conocen

    g. conoce

    h. sabes

    i. conocemos

    j. sé

5.3 a. cierro

    b. almorzamos

    c. empiezas

    d. duermen

e. mide

f. siente

g. prefiere

h. puedes

i. recuerda

j. sirve

5.4 a. hace viento

    b. hace sol

    c. llueve

    d. hace fresco

    e. nieva

    f. hace buen tiempo

    g. hace calor

    h. hace frío

5.5 1. d

    2. h

    3. c

    4. a

    5. b

    6. f

    7. e

    8. g

5.6 Answers may vary.

    a. Hace calor

    b. Hace frío

    c. Nieva

SECTION FIVE (cont'd)

d. Hace buen tiempo

e. Hace fresco

f. Hace viento

g. Hace buen tiempo

h. Llueve

5.7   a. mi familia

b. nuestras hermanas

c. su coche

d. su tienda

e. sus restaurantes

f. mis clases

g. sus libros

h. tu bicicleta

i. nuestro día

j. tus amigos

SECTION SIX

6.1   To tell people about a new plan for unemployed people

6.2   People who have been unemployed for two years

6.3   Individualized free support

6.4   Information on creating new companies

6.5   Cross reference companies' needs with candidates skills

6.6   To explain stories that we all want to hear

6.7   With passion and generosity

6.8   Countrysides and people

6.9   Part traveler, part vagabond, and a lot of great writer

6.10 Answers may vary.
el secreto – the secret
generosidad – generosity
vagabundo – vagabond
pasión – passion
personajes – persons

6.11 Adult check

6.12 mala, entretenida, interesante, buena

6.13 Imperio de titanes, La guerra, Familia inesperada, Llega un pistolero and Un hombre llamado Flor de Otoño

6.14 eight

6.15 ¡Alto, o mi madre dispara!

6.16 three

6.17 a. Dos policías rebeldes
b. Imperio de titanes
c. Un, dos, tres...Splash
d. Un hombre llamado Flor de Otoño
e. Llega un pistolero

6.18 Adult check

6.19 1. a
2. b
3. d
4. c
5. d

6.20 Adult check

6.21 1. a
2. b
3. d

SECTION SIX (cont'd)

4. a
5. b

6.22   Adult check

6.23 1. b
    2. c
    3. a
    4. b
    5. c

6.24 1. b
    2. c
    3. d
    4. b
    5. d

6.25 1. b
    2. d
    3. a
    4. a
    5. d

6.26   Adult check

6.27   Adult check

SECTION SEVEN

7.1 a. Son los más divertidos de Madrid
    b. Hay 12
    c. Hay 2.600
    d. Son grandes
    e. Ofrece palomitas, perritos calientes, refrescos
    f. Puede pagar con dinero o tarjeta de crédito
    g. Cuestan 500 ptas
    h. Se llama Warner Lusomundo
    i. Puede comprarlas 24 horas al día
    j. Es 902 23 33 43

7.2 a. hablar inglés o alemán
    b. Puede estudiar en Oxford, Dublin, Bristol o Cambridge.
    c. Puede estudiar en Heidelberg.
    d. La especialidad es cursos intensivos de idiomas.
    e. Ofrecen al estudiante ambicioso como adultos profesionales, estudiantes, y jovenes.
    f. Ofrecen actividades recreativas y traslado y alojamiento en casa particular.

7.3 a. Puede comprar música, multimedia, papelería, videos
    b. Significa que el libro es el mejor.

7.4 a. Ayuda a los pobres.
    b. Para su donativo.
    c. Dos – Barcelona y Madrid.

7.5 a. sobrecogedora, espectacular, maravillosa
    b. más logrados en l historia del cine
    c. The end is only the beginning.

7.6   Answers may vary. This is on the tape and may be done orally.

SECTION SEVEN (cont'd)

7.7 a. Comienzan en el Corning Glass Center.

    b. Ofecen The Corning Museum of Glass, Hall of Science and Industry y Steuben Factory.

    c. Está abierto los 7 días de la semana de 9–5.

7.8 a. Puede ver comedias y obras musicales de Broadway.

    b. Llama a la taquilla.

    c. Presentan estas programas en julio y agosto.

7.9 a. Está en el corazón del centro comercial de Corning.

    b. Es del siglo XIX (diecimueve)

    c. Aparece en el Registro Nacional de Lugares Históricos.

7.10 a. Está situadas 19 kilómetros de Corning.

    b. Hay una exposición de aviones.

    c. Necesita salida 51 (cincuenta y una) de ruta 17 (diecisiete).

7.11 a. Contiene colecciones de arte americano del oeste, cristal de Carder Steuben y juguetes antiguos.

    b. Hay joyas y trabajos manuales del suroeste.

    c. Está abierto diariamente.

7.12 Adult check

7.13 Answers may vary.

    Tu amigo: ¿Quién es Baby Shamu?

    Tú: *Es la primera orca que ha nacido y desarrollado en el cuido del hombre?*

    Tu amigo: ¿Cuánto pesan las orcas?

    Tú: *Pesan más de 2,300 kilos.*

    Tu amigo: ¿Qué pueden hacer?

    Tú: *Pueden saltar por el aire.*

    Tu amigo: ¿Qué pueden gozar allí?

    Tú: *Pueden pasar un día gozando espectáculo tras espectáculo.*

    Tu amigo: ¿Cómo se llama este lugar?

    Tú: *Se llama Sea World.*

7.14 Adult check. Answers may vary. A sample is given below:

Querida familia,

Este fin de semana estoy al Hotel Playa Espadilla. Está cerca del Parque Nacional de Manuel Antonio y la Playa Espadilla. Es un hotel en armonia con la naturaleza.

Puedo experimentar la flora y la fauna. El hotel ofrece servicio personalizada. Mi habitación tiene aire acondicionado, agua caliente, cocina y refrigeradora. Mañana voy a tomar un tour a caballo.

SECTION SEVEN (cont'd)

7.15 a. 4 (cuatro)
     b. 67 (sesenta y siete)
     c. 8 (ocho)
     d. más de 200 (doscientos)
     e. 56. 650 (cicuenta y cinco punto seiscientos cincuenta)

7.16   Adult check. A sample is given. Answers may vary.

     Hola, amigo,

     Estoy en Florida. Vamos a visitar a NASA mañana. Vamos a ver La Galería de arte de la NASA, el Jardín de los Cohetes y Exhibiciones al Aire Libre, El Hombre Espacial y más. En la Gallery of Spaceflight vamos a ver una roca y una nave espacial. También hay demonstraciones prácticas directas. Una cosa interesante es que no tiene que pagar estacionar el automóvil.

7.17   Answers may vary. The true English meaning is included on those which are not close cognates. Choose any fifteen of the following:

     necesitan – necessity (they need)
     chequeo – check (check-up)
     inmunizaciones – immunizations
        Note: **ción** usually = tion
     visita – visit
     regularmente – regular (regularly)
        Note: **mente** usually = ly
     permite – permit (allow)
     médico – medical (doctor)
     mantener – maintain
     ejercicio – exercise

físico – physical
     Note: **ph** is always **f** in Spanish
contribuyen – contribute
normalmente – normally
importante – important
examine – examine
administre – administer
generalmente – generally
inyecciónes – injections
enfermedades – infirmaties (illnesses)
afectar – affect
recibir – receive
contra – counter (against)
gravemente – gravely (seriously)
causa – cause
consulte – consult
describir – describe
combinada – combined
posible – possible
adquirir – aquire
contraer – contract
futuros – future

7.18   Suggested answer:
     This brochure deals with the benefits of having regular check-ups and immunizations for your children. It offers reasons, time frames and information on which immunizations are necessary.

SECTION SEVEN (cont'd)

7.19 a. foggy
      b. hazy
      c. very hot
      d. icy
      e. smoky
      f. freezing rain
      g. frigid
      h. dusty

7.20 a. 3
      b. 4, 6, 7
      c. 2, 5, 8
      d. 1, 2, 4, 6, 7
      e. 5
      f. 4, 6, 7
      g. 2
      h. 3
      i. 1
      j. 8

SECTION EIGHT

8.1 a. celebrating a young woman's fifteenth birthday
     b. thanksgiving mass
     c. maid of honor
     d. chamberlain
     e. commemorative favors

8.2 Attending a mass and having a party afterwards.

8.3 A full-length dress in white or a pastel color complete with hat or headdress.

8.4 This event celebrates the young lady's passage from a girl to womanhood.

8.5 work, volunteering or even marriage

8.6 a. the bullfight
     b. the door of the bulls
     c. to fight the bull
     d. the second step of the bullfight
     e. the final step

8.7 They request the key to the puerta de los toriles.

8.8 three parts and three matadors

8.9 six, two for each bullfighter

8.10 the bull's death

SELF TEST 1

1.01   20

1.02   Answers will vary

1.03   Answers will vary

1.04   A word that is spelled similarly in both Spanish and English.

1.05   A group of words that are related.

1.06   Answers will vary. Example: The baker bakes baked goods in a bakery.

1.07   Answers will vary

1.08   a. a person, place, thing or idea.
    b. a word used to describe a noun.
    c. an action or state of being
    d. takes the place of a noun.
    e. a word used to describe an adjective or verb

1.09   Answers will vary

1.010 Michael/noun
    rides/verb
    the bike/noun
    quickly/adverb
    to/preposition
    school/noun

SELF TEST 2

2.01   Answers will vary.

2.02   a. ele – i – be – ere – o
    b. elle – a – eme – o
    c. ce – o – erre – e – ere
    d. che – i – ce – o
    e. ese – e – eñe – o – ere

2.03   a. ue
    b. ei
    c. ia
    d. oy
    e. ie

2.04   a. double
    b. all have two sounds
    c. ll, rr, ch
    d. one
    e. two vowels working together

SELF TEST 3

3.01 a. a – ma – ri – llo
　　 b. ar – tis – ta
　　 c. es – tre – lla
　　 d. sor – pre – sa
　　 e. mu – cha – cha

3.02 a. for – <u>mal</u>
　　 b. a – <u>den</u> – tro
　　 c. en – <u>ton</u> – ces
　　 d. fac – ul – <u>tad</u>
　　 e. le – <u>gum</u> – bre

3.03 a. lápiz
　　 b. jardín
　　 c. inglés
　　 d. café
　　 e. cespéd

3.04　Any order:
　　 a. ¿
　　 b. ¡
　　 c. ñ (tilde)
　　 d. ü (dieresis)
　　 e. é (accent)

SELF TEST 4

4.01 a. Close your books, please.
　　 b. Take out your homework
　　 c. Listen, please.
　　 d. Raise your hand.
　　 e. Go to the board.

4.02 a. Contesten
　　 b. No sé
　　 c. Repita, por favor
　　 d. Gracias
　　 e. Digan

4.03 a. siéntense
　　 b. miren
　　 c. saquen un lápiz
　　 d. de nada
　　 e. abran sus libros

4.04 1. c
　　 2. e
　　 3. d
　　 4. b
　　 5. a

SELF TEST 5

5.01　Any order:
　　 a. tú – informal, one person
　　 b. usted (Ud.) – formal, one person
　　 c. vosotros – informal, plural (Spain
　　　　only)
　　 d. ustedes (Uds.) – plural

　　 d. ustedes
　　 e. vosotros
　　 f. ustedes
　　 g. tú
　　 h. tú
　　 i. usted

5.02 a. tú
　　 b. usted
　　 c. tú

5.03 a. señor
　　 b. señorita
　　 c. señora

SELF TEST 6

6.01 1. c
    2. d
    3. e
    4. b
    5. a

6.02 a. buenos dias
    b. buenas noches
    c. buenas tardes
    d. hola
    e. bienvenidos

6.03 a. adiós
    b. chao
    c. hasta la vista
    d. hasta luego
    e. hasta mañana

6.04 1. d
    2. b
    3. a
    4. e
    5. c

SELF TEST 7

7.01 Ana: <u>Hola</u>, Maria. ¿Cómo <u>estás</u>?
    Maria: <u>Muy</u> bien, <u>gracias</u>. ¿Y tú?
    Ana: <u>Asi</u>, asi.

7.02 Luis: Hola, <u>Arturo</u>. Hola, Mateo.
    ¿Cómo <u>están</u> ustedes?
    Mateo: <u>¡Fantástico!</u> (Answers may vary)
    Arturo: Muy bien. <u>¿Y tú?</u>
    Luis: Bien, <u>gracias</u>.

7.03 Sra. Gomez: Buenos <u>dias</u>, Sra. Lopez.
    Sra. Lopez: <u>Buenos</u> dias, Sra. Gomez.
    Sra. Gomez: ¿Cómo <u>está</u> usted?
    Sra. Lopez: Bien, gracias. ¿Y <u>usted</u>?
    Sra. Gomez: <u>Asi,</u> asi.

7.04 Paco: ¡Hola!
    Tomás: ¡<u>Buenas</u> tardes!
    Paco: ¿Cómo te <u>llamas</u>?
    Tomás: <u>Me</u> llamo Tomás Calderon. ¿Y tú?
    Paco: Me llamo <u>Paco</u> Guzmán.
    Tomás: <u>Mucho</u> gusto.

SELF TEST 8

8.01   a. Caracas
      b. Buenos Aires
      c. Quito
      d. La Paz / Sucre
      e. Lima
      f. Santiago
      g. Bogotá
      h. Asunción
      i. Montevideo

8.02   a. Mexico City
      b. Tegucigalpa
      c. Panama City
      d. Managua
      e. San Juan
      f. San Salvador
      g. La Habana
      h. Guatemala
      i. Santo Domingo
      j. San José

8.03   Spain, Madrid

8.04   Teacher check

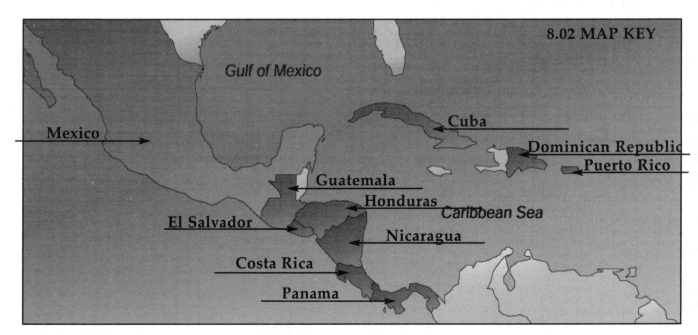

SELF TEST 1

1.01 a. cuatro pupitres

b. tres estudiantes

c. un cartel

d. siete cintas

e. nueve bolígrafos *or* plumas

f. ocho libros

g. dos mapas

h. diez banderas

i. cinco sillas

j. seis reglas

1.02 a. dos y seis son ocho

b. tres y siete son diez

c cinco y cuatro son nueve

1.03 a. la profesora

b. dos mochilas

c. la pizarra

d. la computadora

e. el papel

SELF TEST 2

2.01 b

2.02 a

2.03 c

2.04 a

2.05 c

SELF TEST 3

3.01 a. Ud.

b. tú

c. Uds.

d. Uds.

e. Ud.

f. tú

g. Ud.

h. tú

i. Uds.

j. tú

3.02 a. yo

b. él

c. él

d. ellos

e. nosotros

f. tú

g. ellas

h. Ud.

i. Uds.

j. ella

SELF TEST 4

4.01 a. estudia
    b. tomamos
    c. escucha
    d. preparas
    e. llevo
    f. cantan
    g. deseamos
    h. practican
    i. ayuda
    j. miran

4.02 a. I visit, I do visit, I am visiting
    b. we prepare, we do prepare,
       we are preparing
    c. you enter, you do enter,
       you are entering

4.03 a. to end
    b. to arrive
    c. to look (at)
    d. to explain
    e. to answer
    f. to take
    g. to work
    h. to speak
    i. to sing
    j. to study

SELF TEST 5

5.01 a. ¿Estudia Raúl la biología?
    b. ¿Canta Ud. la música bien?
    c. ¿Practican Tomás y Carmen mucho?
    d. ¿Termina Lucia la historia?
    e. ¿Enseñas tú la química?

5.02 a. Jorge desea regresar, ¿no?
    b. Edmundo busca el libro, ¿no?
    c. Nosotros terminamos la ciencia,
       ¿no?
    d. Yo explico las matemáticas, ¿no?
    e. Tú necesitas un lápiz, ¿no?

5.03 a. Eduardo pregunta, ¿verdad?
    b. Tú sacas fotos, ¿verdad?
    c. Yo contesto la pregunta, ¿verdad?
    d. Nosotros pagamos, ¿verdad?
    e. Uds. escuchan la música, ¿verdad?

5.04 a. No, no preparo la historia.
    b. No, no enseña la biblia.
    c. No, no visitamos la clase.
    d. No, no necesito una pluma.
    e. No, no regresan.

(NO SELF TEST 6)

SELF TEST 7

7.01 1. g

    2. b

    3. e

    4. f

    5. d

    6. c

    7. h

    8. a

    9. i

   10. j

7.02 the Rio Grande

7.03 three – Oriental, Occidental and del Sur

7.04 Mayan

7.05 federal district **or** distrito federal

7.06 Any two:
United States, Guatemala and Belize

7.07 zoos and museums

7.08 the main square of Mexico City

7.09 (La Virgen de) Guadalupe

7.10 Paseo de la Reforma

7.011 Any three – Mazatlan, Colima, Cancun, Merida Chichén-Itza, Veracruz and Tampico

SELF TEST 1

1.01 a. la casa

1.02 a. la sala
  b.–c. Any two:
    el sofá
    el sillón
    la mesita
    la lámpara
    la alfombra
    el telvisor
    el estante

1.03 a. la cocina
  b.–c. Any two:
    la estufa
    el refrigerador
    la microonda
    el fregadero
    el lavaplatos

1.04 a. el dormitorio
  b.–c. Any two:
    la cama
    la cómoda
    el espejo
    la mesa de noche
    el armario/el ropero

1.05 a. el comedor
  b. la mesa
  c. la silla

1.06 a. el cuarto de baño
  b.–c. Any two:
    la bañera
    el retrete
    el lavabo

1.07 a. el garaje
  b.–c. Any two:
    el cocho
    las herramientas
    la bicicleta

1.08 a. las
  b. la
  c. el
  d. los
  e. la
  f. los
  g. el
  h. la
  i. las
  j. la

1.09 a. los estantes
  b. los garajes
  c. las cocinas
  d. los espejos
  e. los refrigeradores
  f. los televisores
  g. las alfombras
  h. las mesas
  i. los señores
  j. los sillones

SELF TEST 2

2.01   a. una
       b. un
       c. unos
       d. una
       e. un
       f. unos
       g. unas
       h. unas
       i. un
       j. una

2.02   a. veinte y ocho (veintiocho)
       b. treinta y uno
       c. quince
       d. veinte y dos (veintidós)
       e. veinte y séis (veintiséis)
       f. trece
       g. diez y nueve (diecinueve)
       h. catorce
       i. veinte y cuatro (veinticuatro)
       j. diez y siete (diecisiete)

SELF TEST 3

3.01   a. es
       b. somos
       c. soy
       d. eres
       e. es
       f. son
       g. son
       h. son
       i. somos
       j. es

3.02   a. ¿Dónde (Qué) visitan los chicos?
       b. ¿Dónde trabaja el padre?
       c. ¿Cuándo es la fiesta?
       d. ¿Quién lleva los libros?
       e. ¿Cómo es la escuela?

SELF TEST 4

4.01 a. viernes, el primero de enero

b. domingo, el catorce de marzo

c. jueves, el ocho de diciembre

d. martes, el veinte y dos (vientidós) de julio

e. miércoles, el cinco de noviembre

f. lunes, el treinta de septiembre

g. sábado, el diez y siete (diecisiete) de abril

h. domingo, el veinte de febrero

i. martes, el tres de mayo

j. jueves, el veinte y nueve (veintinueve) de octubre

4.02 Note: Son or Es (for 1:05) are acceptable before each of these times.

a. las tres y veinte y cinco de la tarde

b. las seis y cuarto (quince) de la noche

c. las siete y media (treinta) de la noche

d. la una y cinco de la madrugada

e. las cinco menos veinte y cinco de la madrugada

f. las once y diez de la mañana

g. las nueve y diez y ocho de la noche

h. el mediodía de la tarde

i. las dos de la madrugada

j. las ocho menos cinco de la noche

SELF TEST 5

5.01 a. como

b. parten

c. escribes

d. leen

e. cubrimos

f. vive

g. bebo

h. abre

i. vende

j. rompen

5.02 a. Yo parto + time which may vary.

b. Aprendemos el español (en la escuela or en casa)

c. Raúl escribe (something he writes)

d. (a name) comprende la lección

e. Leo # libros en un mes.

5.03 a. (Nts.) Vivimos

b. Uds. reciben

c. (Yo) Asisto

d. (Ellos) Comen

e. (El) Comprende

(NO SELF TEST 6 OR 7)

SELF TEST 8

8.01   (the) United States

8.02   president, six

8.03   Senate, Chamber of Deputies

8.04   Any order: Spanish, mixed Spanish, and Indian

8.05   Christmas, December 16, January 6

8.06   Mary and Joseph's journey to Bethlehem

8.07   a candy-filled jar

8.08   midnight mass

8.09   January 6th, Three Kings

8.010   a band of traveling musicians

8.011   the Mexican Hat Dance

8.012   clothes

8.013   foods

8.014   bullfight

8.015   Either order: Aztecs, Mayas

8.016   Mexico City

8.017   Any order: eagle, cactus, snake

8.018   gods

8.019   many Indian tribes

8.020   architecture

SELF TEST 1

1.01 a. la biblioteca
　　　b. el museo
　　　c. el correo
　　　d. el restaurante
　　　e. el estadio
　　　f. el cine
　　　g. el hotel
　　　h. el banco
　　　i. el terminal
　　　j. la plaza
　　　k. el parque
　　　l. la oficina
　　　m. el supermercado
　　　n. la escuela
　　　o. la iglesia

1.02 a. voy
　　　b. vamos

　　　c. vas
　　　d. va
　　　e. van
　　　f. vamos

1.03 a. a la
　　　b. a
　　　c. al
　　　d. al
　　　e. a las
　　　f. a los

1.04 a. de
　　　b. del
　　　c. de los
　　　d. de la
　　　e. del
　　　f. de las

SELF TEST 2

2.01 a. el pianista, el músico
　　　b. el médico, el enfermero
　　　c. el policía
　　　d. el profesor
　　　e. el escritor
　　　f. el piloto
　　　g. el programador de computadoras
　　　h. el hombre de negocios, el secretario
　　　i. el veterinario
　　　j. el actor
　　　k. el farmacéutico
　　　l. el jefe
　　　m. el historiador
　　　n. el artista
　　　o. el comerciante

2.02 a. ciento menos treinta y cinco son sesenta y cinco
　　　b. noventa y cuatro menos cuarenta y uno son cinquenta y tres
　　　c. ochenta y nueve menos quince es setenta y cuatro
　　　d. cuarenta y cuatro y treinta y tres son setenta y siete
　　　e. noventa y nueve menos cincuenta y dos son cuarenta y siete
　　　f. sesenta y seis y veinte y dos (veintidós) son ochenta y ocho

SELF TEST 3

3.01

	MS	MP	FS	FP
1.	**rubio**	rubios	rubia	rubias
2.	fuerte	**fuertes**	fuerte	uertes
3.	alemán	alemanes	**alemana**	alemanas
4.	trabajador	trabajadores	trabajadora	**trabajadoras**
5.	viejo	**viejos**	vieja	viejas
6.	azul	azules	**azul**	azules
7.	paciente	pacientes	paciente	**pacientes**
8.	**nuevo**	nuevos	nueva	nuevas
9.	famoso	**famosos**	famosa	ingleses
10.	elegante	elegantes	elegante	**elegantes**

3.02 a. Una playa bonita
 b. Unos hermanos suizos
 c. Muchas clases divertidas
 d. Un profesor aburrido
 e. Todos los médicos simpáticos

3.03 a. excelente, nuevo
 b. mexicana, vieja
 c. inteligentes, elegante

 d. francesa, bonita
 e. difíciles, aburridos
 f. famosa, enorme
 g. trabajadora, grande
 h. jóvenes, encantador
 i. chiquitina, blanca
 j. excelente, italiano

SELF TEST 4

4.01 a. están
 b. está
 c. estoy
 d. estás
 e. están
 f. está
 g. estamos
 h. están
 i. está
 j. estamos

4.02 a. Está soñoliento. (He is sleepy.)
 b. Están tristes. (They are sad.)
 c. Está enojada. (She is angry.)
 d. Están contentas / alegres.
  (They [females] are happy.)
 e. Está frustrado. (He is frustrated.)
 f. Está tímida. (She is shy.)
 g. Está cansada. (She is tired.)

SELF TEST 4 (cont'd)

4.03 a. La casa está delante de la iglesia *or*
La iglesia está detrás de la casa.
(The house is in front of the church
or the church is behind the house.)

   b. El museo está al lado de la tienda
or La tienda está al lado del museo.
(The museum is next to the store *or*
the store is next to the museum.)

   c. El supermercado está lejos del estadio *or* El estadio esta lejos del
supermercado.
(The supermarket is far from the
stadium *or* the stadium is far from
the supermarket.)

   d. La biblioteca está entre el café y el
correo.

(The library is between the cafe and
the post office.)

   e. La chica está debajo de la mesa.
(The girl is underneath the table.)

   f. El chico está dentro de la casa.
(The boy is inside the house.)

   g. Las mujeres están a través de la
tienda.
(The women are across from the
store.)

   h. Los libros están encima de / sobre la
mesa.
(The books are on the table.)

SELF TEST 5

5.01 a. Son
   b. es
   c. estoy
   d. están
   e. es
   f. estás
   g. estamos
   h. son
   i. eres
   j. son

   k. está
   l. es
   m. es
   n. soy
   o. están

5.02 a. Soy estudiante.
   b. Son las siete y media.
   c. Están al correo.
   d. Ana es rubia.
   e. Estoy cansado.

SELF TEST 6

6.01   1. b

      2. c

      3. d

      4. a

      5. f

6.02   a. No preparo nada.

      b. No visito a nadie.

      d. No viajamos nunca a Madrid.

      d. La profesora no explica ningunas lecciones. *or* La profesora nunca explica ningunas lecciones.

      e. No compran nada.

6.03   a. I don't want anything.

      b. We are never returning.

      c. No one studies.

      d. They are not singing any songs.

      e. You never ask.

      f. I am explaining something.

      g. The teacher teaches something important.

      h. Mark always finishes at two o'clock.

      i. Someone is here.

      j. I need some money.

(NO SELF TEST 7, 8 OR 9)

SELF TEST 1

1.01   Answers may vary. The items of clothing may be described in any order.

   a. La mujer lleva una falda azul, una blusa amarilla y los zapatos castaños. (The woman is wearing a blue skirt, a yellow blouse and brown shoes.)

   b. El señor lleva los pantalones grises, la camisa verde y los zapatos negros. (The man is wearing gray pants, green shirt and black shoes.)

   c. El muchacho (chico) lleva los blue-jeans, la camiseta roja, y los zapatos de tenis. (The boy is wearing blue jeans, red t-shirt and sneakers.

   d. La muchacha (chica) lleva un traje de baño verde y los anteojos de sol. (The girl is wearing a green bathing suit and sunglasses.

   e. Los dos chicos llevan los pantalones cortos rojos, las camisetas azules, las gorras azules y los sandalias. (The two boys are wearing red shorts, blue t-shirts, blue caps and sandals.

1.02 a. gusta
   b. gusta
   c. gustan
   d. gusta
   e. gustan

1.03   Any three of these suggested articles of clothing:

   a. Lleva el abrigo, los guantes, las botas, el sombrero, los pantalones, el suéter.

   b. Lleva los pantalones cortos, la camiseta, el traje de baño, las sandalias, el sombrero, los anteojos de sol.

   c. Lleva un vestido, una falda y una blusa, las medias, el sombrero.

   d. Me gustaría (any three of the items on the clothing list is acceptable.)

   e. Lleva un traje, una camisa, una corbata, unos zapatos, unos calcetines.

SELF TEST 2

2.01 a. mi
b. nuestros
c. tu
d. su
e. su
f. nuestras
g. su
h. mis
i. sus
j. tus
k. nuestra
l. su
m. mi
n. tus
o. sus

2.02 a. pongo
b. hacemos
c. caigo
d. trae
e. salgo
f. hago
g. caes
h. traigo
i. salen
j. ponemos

SELF TEST 3

3.01 a. quiere
b. tenemos
c. vienen
d. confiesas
e. defendemos
f. pierdo
g. refiere
h. cierra
i. comienzan
j. gobierna

3.02 a. Tengo hambre
b. Venimos al mediodía.
c. ¿Cuántos años tiene Pablo?
d. Piensas.

e. La clase comienza pronto.
f. El hombre defiende a la mujer (señora).
g. Prefiero cerrar la puerta.
h. Tenemos calor.
i. Pierde hoy.
j. Uds. quieren pensar.

3.03 a. I am right.
b. Susana doesn't understand.
c. We are coming to church.
d. They prefer pizza.
e. You are successful.

SELF TEST 4

4.01 a. el volibol (volleyball)
     b. el fútbol (soccer)
     c. el tenis (tennis)
     d. el básquetbol (basketball)
     e. la natación (swimming)
     f. el béisbol (baseball)
     g. el fútbol americano (football)
     h. la gimnasia (gymnastics)
     i. el esquí (skiing)
     j. las carreras (track)

     g. vuelan
       You are flying to Madrid.
     h. movemos
       Mark and I are moving to
       Venezuela.
     i. vuelven
       The Ayalas are returning to Puerto
       Rico.
     j. cuesta
       The blouse costs ten dollars.

4.02 a. juegan
       The boys are playing volleyball.
     b. almuerza
       The family eats lunch at one o'clock.
     c. podemos
       We can leave at five thirty.
     d. duermo
       I sleep eight hours.
     e. cuenta
       The clerk (employee) counts the
       money
     f. encuentras
       You find your shoes in the living
       room.

SELF TEST 5

5.01 a. pide
     b. sirven
     c. repites
     d. mido
     e. decimos
     f. sabes
     g. conozco
     h. pedimos
     i. repiten
     j. sé

5.02 Some answers may vary, but the verb form is correct.
     a. Mi madre sirve la comida en el comedor.
     b. Repito el frances durante la clase de francés.
     c. Sí, sé preparar la comida.
     d. El profesor dice la tarea.
     e. Sí, conozco a la Sra. Chavez.

5.03 a. They know
     b. I say, I tell
     c. We serve
     d. You measure
     e. I know

SELF TEST 6

6.01 Puerto Rico, Cuba and the Dominican Republic

6.02 Cuba

6.03 the Dominican Republic

6.04 Example: Dinner guests eat alone. After they have had their fill the males of the home eat. Women usually eat standing in the kitchen.

6.05 Puerto Rico

6.06 two famous Spanish forts in Puerto Rico

6.07 Cuba

6.08 the Dominican Republic

6.09 the governor of Puerto Rico

6.010 Any three: boating, swimming, fishing, tennis, golf, basketball, baseball and boxing.

(NO SELF TEST 7 OR 8)

SELF TEST 1

1.01 a. D
     b. D, A, C
     d. M
     d. C
     e. D
     f. M
     g. D, A
     h. C
     i. A
     j. M

1.02 a. L
     b. C
     c. B
     d. F
     e. C
     f. B
     g. F

     h. L
     i. L
     j. F

1.03 Answers may vary. Examples are given below.
     a. Voy a pedir (then list a food or two.)
     b. Sí, tengo hambre
     c. Sí, quiero (and list a drink.)
     d. Prefiero (a type of meat.)
     e. Prefiero (a drink.(
     f. List a breakfast food.
     g. List dinner foods.
     h. Prefiero agua.
     i. Voy a comer la sopa (or other food when you are cold.)
     j. Como (and a snack food.)

SELF TEST 2

2.01 a. veo
     b. vemos
     c. ves
     d. ve
     e. ven

2.02 a. damos
     b. doy
     c. das
     d. da
     e. dan

2.03 a. obedezco
     b. traducimos
     c. conoces

     d. produce
     e. conduce

2.04 Suggested answers are given.
     a. Tomás ofrece conducir.
     b. Reconozco a Mario mejor.
     c. Traducimos la tarea.
     d. Parece enfermo.
     e. Agradezco a la persona.

SELF TEST 3

3.01   a. los ojos

      b. la cabeza

      c. los orejas

      d. la nariz

      e. la boca

      f. e. cuello

      g. las brazos

      h. las piernas

      i. las rodillas

      j. las dedos de pie

3.02   a. Tengo dolor de pies.

       Me duelen los pies.

      b. Tiene dolor de pierna.

       Le duele la pierna.

      c. Tenemos dolor de cabezas.

       Nos duelen las cabezas.

      d. Tienes dolor de oreja/oído.

       Te duele la oreja/el oído.

      e. Tienen dolor de brazos.

       Les duelen los brazos.

SELF TEST 4

4.01   1. h

      2. f

      3. j

      4. i

      5. a

      6. d

      7. c

      8. e

      9. b

     10. g

g. Necesita hacer una maleta cuando hace un viaje.

h. Necesita saber – a possible answer.

i. Creo que sí (no).

j. The student should write his/her name.

4.02   a. Quiere decir "hello."

      b. Hago un viaje a _____ (place).

      c. Estoy de pie a _____ (place).

      d. Echamos una carta al correo a _____ (person).

      e. Luis sale bien en _____ .

      f. Lara echa de menos _____ (a person).

SELF TEST 5

5.01 a. cinco mil seiscientos ochenta y dos

    b. ochenta y nueve mil, quinientos treinta y uno

    c. ciento cuatro mil, cuatrocientos noventa y cinco

    d. cuatro millones trecientos setenta y cinco novecientos treinta y cuartro

    e. setenta y tres mil docientos ocho

5.02 a. mil días

    b. un millón de sitios / lugares

    c. quinientos dolars

    d. cien horas

    e. trescientos noventa y siete

SELF TEST 6

6.01 a. Venezuela
      Caracas

    b. Columbia
      Bogota

    c. Ecuador
      Quito

    d. Perú
      Lima

    e. Bolivia
      La Paz, Sucre

    f. Paraguay
      Ascunción

    g. Uruguay
      Montevideo

    h. Argentina
      Buenos Aires

    i. Chile
      Santiago

6.02 a. Argentina

    b. Uruguay

    c. Colombia

    d. Bolivia

    e. Peru

    f. Paraguay

    g. Chile

    h. Venezuela

    i. Ecuador

    j. Argentina, Paraguay, Chile or Uruguay

SELF TEST 1

1.01 1. d
    2. e
    3. g
    4. f
    5. i
    6. b
    7. j
    8. c
    9. a
    10. h

1.02 a. to lose weight
    b. to fall asleep
    c. to get up
    d. to put on makeup
    e. to go on a diet
    f. lavarse
    g. aumentarse del peso
    h. ducharse
    i. secarse
    j. dormir

1.03 a. yes
    b. no
    c. yes
    d. yes
    e. no
    f. no
    g. yes
    h. yes
    i. yes
    j. no

SELF TEST 2

2.01 a. me   nos
    b. te   os
    c. se   se
    d. se   se
    e. se   se

2.02 a. Por la mañana, a Carlitos le _____ gusta _____ lavar __se__ el pelo.
    b. No __me__ puedo _____ bajar del peso facilmente.
    c. __Se__ van _____ a las ocho?
    d. Mis hermanas y yo no __nos__ maquillamos _____ . No nos gusta.
    e. Tú vas _____ a _____ cepillar __te__ los dientes.

2.03 a. nos maquillamos
    b. me visto
    c. se cepilla
    d. te desayunas
    e. nos ponemos
    f. se ponen a dieta
    g. se acuesta
    h. se quita
    i. se baña
    j. se secan

2.04 a. Al LEVANTARSE, SE DUCHAN y SE CEPILLAN los dientes. Entonces, SE DESAYUNAN y SE VAN a la escuela.

SELF TEST 2 (cont'd)

b. TU TE VAS al gran baile esa noche.
Pero primero TIENES QUE
DUCHARTE. Entonces, TE
MAQUILLAS y TE VISTES del
mejor traje. No REGRESAS a casa y
no TE ACUESTAS hasta la dos o las
tres de la manana.

c. UDS. PREFIEREN DUCHARSE por
la noche. SE CEPILLAN los dientes
y SE ACUESTAN para las diez.
Siempre SE DUERMEN pronto. Al
amanecer, SE DESPIERTAN y SE
LEVANTAN bien. Despues de
DESAYUNARSE, SE VISTEN, SE
PONEN una chaqueta y SE VAN
al trabajo.

SELF TEST 3

3.01 a. Hace sol. (It's sunny.)

b. Hace frío. (It's cold.)

c. Hace buen tiempo. (It's nice out.)

d. Llueve. (It's raining.)

e. Está nublado. (It's cloudy.)

f. Hace calor. (It's hot.)

g. Hace viento. (It's windy.)

h. Hace mal tiempo. (The weather's
bad.)

i. Nieva. (It's snowing.)

j. La temperatura es ochenta grados.
(The temperature is 80 degrees.)

3.02   Answers will vary.

SELF TEST 4

4.01 a. graciosamente
     b. bonitamente
     c. ciertamente
     d. altamente
     e. perfectamente
     f. mal
     g. estrictamente
     h. raramente
     i. bien
     j. tristemente
     k. enteramente

4.02 a. esta
     b. aquella
     c. esa

4.03 a. aquel
     b. este
     c. ese

4.04 a. estas
     b. aquellas
     c. esas

4.05 a. esa
     b. aquella
     c. esta

4.06 a. esos
     b. estos
     c. Aquellos, Aquellos

SELF TEST 5

5.01 a. Maya
     b. Aztec
     c. Aztec
     d. Inca
     e. Maya
     f. Inca
     g. Aztec
     h. Inca
     i. Maya
     j. Aztec

5.02 a. false
     b. false
     c. true
     d. false
     e. true
     f. true
     g. false
     h. true
     i. false
     j. true

5.03 a. The Aztecs are known to have developed a highly accurate calendar.
     b. Macchu Picchu was built by the Incas.
     c. The Maya had not achieved use of the wheel.
     d. The Mayan system of writing was maintained in the codex books.
     e. The eagle and the snake are symbols of the Aztec empire.

5.04 a. Andes
     b. zero
     c. Quecha
     d. pyramids
     e. eagle, serpent
     f. agrarian theocracy
     g. Peru
     h. Mexico
     i. rainfall
     j. cacao

SELF TEST 1

1.01 a. está
    b. estoy
    c. está
    d. están
    e. estamos
    f. está
    g. están

    h. están
    i. está
    j. está

SELF TEST 2

2.01 a. el tren
    b. el avión
    c. el barco
    d. el automóvil
    e. el autobús
    f. la bicicleta
    g. la motocicleta
    h. el metro
    i. el taxi
    j. el aeroplano

2.02 1. d
    2. j
    3. h
    4. g
    5. b
    6. e
    7. f
    8. c
    9. i
    10. a

SELF TEST 3

3.01 a. está
    b. estamos
    c. están
    d. estoy
    e. estás

3.02 a. estoy cantando
    b. están viviendo
    c. estamos estudiando
    d. estás entendiendo
    e. está encontrando
    f. está teniendo

    g. están leyendo
    h. estoy estando
    i. estamos supiendo
    j. está viniendo

3.03 a. Estoy yendo a pie a la estacion.
    b. Estamos viajando por el tren.
    c. Está montando a motocicleta.
    d. Están yendo por el automóvil.
    e. No estás viajando por el bote.

SELF TEST 4

4.01 1. b

2. d

3. h

4. f

5. a

6. g

7. c

8. i

9. e

10. j

4.02 a. to ride a horse

b. to go boating

c. to stay, remain

d. the country

e. for

4.03 a. costar

b. nadar

c. sacar fotografía

d. el agente de viajero

e. ir de camping

4.04 Suggested answers:

a. nadar, pescar, pasearse en bote, tomar el sol, broncearse

b. sacar fotografías, esquiar

c. sacar fotografías, visitar los museos

d. pasearse en bote, tomar el sol, broncearse

e. ir de camping, al alpinismo, escalar

4.05 a. The tourist spends a lot of money.

b. I stay in the mountains for two weeks. I ski and climb the mountains.

c. The travel agent is going on vacation at the beach.

d. Don't take photos at the museum.

e. There are many points of interest in the city.

f. Yo voy de camping cuando yo voy de vacaciones.

g. El turista no pesca.

h. Nos quedamos en la ciudad por cinco días.

i. No tomo el sol (me bronceo) a la playa.

j. ¿Cuestan las vacaciones mucho?

SELF TEST 5

5.01   a. Ellas la miran demasiado.

      b. La visito los domingos.

      c. No nos los gustan.

      d. Los oímos.

      e. La besó.

      f. Nos ven.

      g. La hiciste.

      h. Te conduzco al museo.

      i. Me vas a buscar en la ciudad. (Vas a buscarme en la ciudad).

      j. Lo di a Usted.

5.02   a. Yo (no) lo necesito para hacerla.

      b. Te vamos a visitar pronto. (Vamos a visitarte pronto).

      c. Sí (no) lo tomo a la escuela.

      d. Puedes encontrarme en el rincón.

      e. Sí, la hacemos.

(NO SELF TEST 6, 7 OR 8)

SELF TEST 1

1.01 a. la carnicería
     b. la florería
     c. la frutería
     d. la panadería
     e. la librería
     f. la zapatería
     g. la papelería
     h. la dulcería
     i. la lecheria
     j. la farmacía

1.02 a. el carnicero
     b. el florero
     c. el frutero
     d. el panadero
     e. el librero
     f. el zapatero
     g. el papelero
     h. el dulcero
     i. el lechero
     j. el farmacéutico

SELF TEST 2

2.01 a. Mario les compra (a ellos) seis billetes.
     b. Uds. les muestran (a ellos) sus buenas notas.
     c. Le devuelves (a ella) los libros.
     d. Les enseña (a ellos) la lección
     e. Le ofrezco (a él) diez dolares par su silla vieja.

2.02 a. Arthur loans me twenty dollars.
     b. The class introduces us to the work of Mark Twain.
     c. I am bringing you three bottles of milk.
     d. I have to give you a test.
     e. They are writing us a letter.

SELF TEST 3

3.01

                  D   **I**

1. Mario explica <u>la idea</u> <u>a su amigo</u>.

                    D

2. El hombre vende <u>su coche</u>

    I

 <u>a la mujer</u>.

                I   **D**

3. No escribo <u>a Pablo</u> <u>esta carta</u>.

                  I

4. Tienes que dar <u>al profesor</u>

    D

 <u>tu examen</u>.

                  D

5. Estamos prestando <u>el dinero</u>

    I

 <u>a nuestro hijo</u>.

3.02 a. Juan se lo vende.

      b. Prefiero dárselo.

      c. Está explicándoselas.

      d. Se lo doy.

      e. Se las escribe.

3.03 a. We have to give it to him

      b. They bring them to me.

      c. We are explaining them to you.

      d. You are showing it to us.

      e. They are describing it to them.

SELF TEST 4

4.01 a. al lado de él

      b. conmigo

      c. enfrente (delante) de ellos/ellas

      d. de nosotros

      e. entre ustedes

      f. lejos de ella

      g. debajo de él

      h. encima de ella

      i. a ti/Ud./Uds

      j. cerca de mí

4.02 a. Ana está al lado de Pilar y enfrente/delante de Luis.

      b. Paco está entre Luis y José y detrás de Pilar.

      c. José está lejos de Ana.

4.03 a. La pelota está dentro de la caja.

      b. La pelota está encima de la caja.

      c. La pelota está a través de la caja.

      d. La pelota está debajo de la caja.

      e. La pelota está al lado de/cerca de la caja.

SELF TEST 5

5.01 1. c
     2. d
     3. a
     4. e
     5. b

5.02 1. a
     2. e
     3. b
     4. d
     5. c

5.03 a. home
     b. in this way
     c. at once
     d. frequently
     e. finally

5.04 a. por lo general
     b. en voz alta
     c. de moda
     d. al
     e. por eso

SELF TEST 6

6.01 1. d
     2. e
     3. b
     4. a
     5. c

6.02 1. d
     2. a
     3. c
     4. e
     5. b

6.03 Answers will vary. Make sure answers agree with information presented in text.

(NO SELF TEST 7 OR 8)

LIFEPAC 10 SELF TEST NOTES

The self tests for Spanish LIFEPAC 10 should be done orally. With the following two exceptions, no answer keys are provided. The purpose of oral testing is to help the student to demonstrate verbal proficiency of the material given in each of the lessons.

The student should be given three days to prepare the self test and do the presentation. The first day is used to design and begin preparations. The second day is used to finalize the preparations, and the final day is the presentation.

If you do not feel confident enough to grade the oral aspect of these self tests, you may require them to be written as well.

SELF TEST 7 NOTES

Examine the brochure as the student makes his presentation so that you may determine if their comprehension of the material is acceptable. Examples are given below, but student answers may vary.

1. Está cerca de las atracciones como Walt Disney World, Sea World y Universal Studios-Florida.

2. Tiene más almacenes y tiendas que cualquier otra ciudad de similar tamaño de los EE.UU.

3. Hay una gran variedad de opciones de compras como los Malls, los distribuidores y pintorescas villas.

4. Los Malls ofrecen la conveniencia de tiendas, restaurantes en un solo sitio.

5. Los Malls ofrecen una expectacular gama de marcas famosas a preceios increíbles.

6. Vale la pena fisitar el Mercado Mediterranean Village, el Old Town y el Crossroads que ofrecen tiendas especializadas y restaurantes afines.

7. Hay tiendas con precios bajos, rebajas y descuentos comos Costco, Walmart, Kmart, y Target.

8. Hay tiendas al aeropuerto.

9. Los Malls abren a las diez de la mañana y cierran a las nueve lunes a sábado y del mediodía a las seis de la tarde el domingo.

10. Hay una gran variedad en Orlando para ir de compras.

SELF TEST 8

8.01
1. false
2. true
3. false
4. false
5. true
6. true
7. true
8. true
9. false
10. false

8.02
1. b
2. f
3. h
4. i
5. d
6. a
7. g
8. c
9. e
10. j

1. Answers will vary.

2. Answers will vary.

3. a. a person, place, thing or idea
   b. an action or state of being
   c. a word used to describe a noun
   d. a word used to describe an adjective, a verb, or another adverb.
   e. a word that indicates the relation of a noun to a verb, adjective, or another noun
   (English examples will vary.)

4. Any order:
   a. accent (é)
   b. tilde (~)
   c. ¡
   d. ¿
   e. dieresis (ü)

5. a. eme – a – de – ere – i – de
   b. ele – i – be – ere – o
   c. ce – o – che – e
   d. ese – e – eñe – o – ere
   e. ge – a – ere – a – jota – e

6. a. e – jem – plo
   b. to – ca – dis – cos
   c. pes – ca – dor
   d. es – pa – ñol
   e. do – min – go

7. a. Vayan a la pizarra.
   b. Abran sus libros.
   c. Repitan.
   d. No sé *or* no entiendo
   e. Levanten la mano.

8. a. tú
   b. ustedes
   c. usted

d. vosotros
e. tú

9. Paco: ¡Hola, Daniel! ¿Cómo **estás**?
   Daniel: **Muy** bien, gracias. ¿Y **tú**?
   Paco: ¡Fantástico!

   Alicia: Hola. Me **llamo** Alicia. ¿Y tú?
   Pilar: Me llamo Pilar. ¿De **dónde** eres?
   Alicia: **Soy** de Buenos Aires. ¿Y tú?
   Pilar: Soy **de** Lima.

   Sra. Chavez: Buenos **dias**. ¿Cómo están **ustedes**?
   Sra. Lopez: Muy bien, **gracias**.
   Sra. Ayala: Bien. ¿Y usted?
   Sra. Chavez: Muy bien, gracias.

10.

	COUNTRY	CAPITAL
a.	España	**Madrid**
b.	Venezuela	**Carácas**
c.	**Honduras**	Tegucigalpa
d.	**Costa Rica**	San José
e.	Argentina	**Buenos Aires**
f.	**Ecuador**	Quito
g.	Chile	**Santiago**
h.	Paraguay	**Asunción**
i.	**Nicaragua**	Managua
j.	**Uruguay**	Montevideo

11. a. Cuba
    b. Puerto Rico
    c. Mexico
    d. Chile
    e. Argentina
    f. Bolivia
    g. Peru
    h. Nicaragua
    i. Costa Rica
    j. Colombia
    k. Ecuador
    l. Venezuela
    m. Guatemala
    n. El Salvador
    o. Uruguay

1. a. Sí, estudio el español.
   b. Sí, (nts.) caminamos a la escuela.
   c. Sí, (yo) deseo entrar en la clase.
   d. Sí. (los estudiantes) practican el francés.
   e. Sí, (yo) necesito el lápiz.

2. a. No, (yo) no ayudo a la profesora.
   b. No, (los estudiantes) no contestan las preguntas.
   c. No, (nts.) no cantamos en español.
   d. No, (yo) no saco fotos.
   e. No, (la profesora) no explica las matemáticas.

3. 1. Yo
   2. Uds., ellos, ellas
   3. Tú
   4. Nts.
   5. Ud., él, ella

4. 1. cortamos
   2. regreso
   3. llevas
   4. explican
   5. prepara
   6. trabajan
   7. miramos
   8. necesito
   9. tomas
   10. escucha

5. 1. una nota
   2. la cinta
   3. El profesor
   4. el español
   5. la mochila

6. 1. d
   2. b
   3. a
   4. e
   5. c

7. a. el cartel
   b. la pizarra
   c. la bandera
   d. el libro
   e. el mapa
   f. la mochila
   g. la regla
   h. el sacapuntas
   i. el escritorio
   j. la silla

8. 1. tres y cuatro son siete
   2. cinco y uno son seis
   3. dos y ocho son diez

9. Adult check. Answers will vary.

10. a. Mexico City
    b. The Yucatán Peninsula
    c. The Sierra Madre Mountains
    d. The Baja California
    e. The Central Plateau

1. a. diez y seis (dieciséis) y quince son treinta y uno
    b. doce y catorce son veinte y seis (veintiséis)
    c. veinte y nueve (veintinueve) menos ocho son veinte y uno (veintiuno)
    d. veinte y cinco (veinticinco) menos dos son veinte y tres (veintitrés)
    e. treinta menos diez y siete (diecisiete) son trece

2. a. la cocina
    b. la estufa
    c. el refrigerador
    d. el fregadero

3. a. la sala
    b. el sillón
    c. el sofá
    d. la mesita

4. a. el dormitorio
    b. la cama
    c. la cómoda
    d. el armario

5. a. el comedor
    b. la mesa
    c. las sillas

6. a. el cuarto de baño
    b. la bañera
    c. el retrete
    d. el lavabo

7. a. abuela
    b. padre *or* tío
    c. prima
    d. hermano
    e. tía

8. a. Son las cinco de la tarde
    b. Son las ocho menos cuarto (quince) de la noche
    c. Son las once y diez de la mañana
    d. Es el mediodía
    e. Es la una y veinte

9. a. sábado, el cinco de mayo
    b. viernes, el doce de agosto
    c. lunes, el primero de noviembre
    d. miércoles, el treinta de enero
    e. jueves, el diez de julio

10. 1. a
     2. d
     3. a
     4. d
     5. b
     6. a
     7. d
     8. c
     9. b
     10. c
     11. c
     12. a
     13. d
     14. a
     15. d

11. Answers will vary.

1. a. está
    b. estoy
    c. estamos
    d. están
    e. estás

2. a. voy
    b. van
    c. vas
    d. vamos
    e. va

3. a. cansada
    b. alegres
    c. blanca
    d. rubias
    e. nuevos
    f. deliciosas
    g. rico
    h. pequeño
    i. modernas
    j. triste

4. a. No voy a estudiar nada.
    b. No visito el estadio nunca.
    c. No, no trabajamos al museo.
    d. (Mi madre) no prepara nada a comer.
    e. (Los chicos) no parten nunca.

5. a. al, de la
    b. a la, del
    c. a los, de los
    d. a la, de las
    e. al, del

6. a. soy, está
    b. somos, estamos
    c. estás, es
    d. están, son
    e. es, está

7. a. cuarenta y seis
    b. ochenta y nueve
    c. noventa y dos
    d. setenta y tres
    e. cincuenta y cinco

8. a. Vive en un pueblo.
    b. Es médico.
    c. Trabaja a la nueva biblioteca.
    d. Va a la biblioteca.
    e. Es ingeniero.
    f. Trabaja para el gobierno.
    g. Su tía Elena es arquitecta.
    h. Estudia ser abogado.
    i. Son viejos.
    j. Van a España y Francia.

1. a. la camiseta roja
    b. los zapatos negros
    c. el abrigo negro
    d. los calcetines blancos
    e. el sombrero amarillo
    f. la camisa verde
    g. los pantalones negros
    h. el suéter rojo
    i. la camiseta amarilla
    j. las botas castañas

2. a. la natación
    b. el básquetbol
    c. el beísbol
    d. el fútbol
    e. el tenis

3. a. repito
    b. servimos
    c. puedes
    d. piensa
    e. comienza
    f. dormimos
    g. encuentro
    h. almuerzas
    i. entienden
    j. juegan

4. a. salgo
    b. venimos
    c. tienes
    d. sé
    e. hago
    f. conocemos
    g. digo
    h. cae
    i. traes
    j. pongo

5. a. sus
    b. nuestros
    c. mi
    d. tu
    e. su

6. a. They are warm.
    b. She is thirsty.
    c. They are tired.
    d. He is cold.
    e. He is hungry.

7. a. I like the blue shirts.
    b. He does not like English class.
    c. We like to watch football.
    d. You like the Spanish cafes.
    e. They like tennis.

1. a. el pescado (fish)
    b. la carne (meat)
    c. las zanahorias (carrots)
    d. el maíz (corn)
    e. el tomate (tomato)
    f. las uvas (grapes)
    g. la manzana (apple)
    h. las fresas (strawberries)
    i. el helado (ice cream)
    j. los pasteles (pastries)
    k. el refresco (soft drink)
    l. el café o el té (coffee or tea)
    m. la mantequilla (butter)
    n. la sopa (soup)
    o. el arroz (rice)

2. a. los ojos
    b. la nariz
    c. la boca
    d. el hombro
    e. el estómago
    f. la mano
    g. los dedos
    h. la pierna
    i. la rodilla
    j. el pie
    k. las dedos de pie

3. a. cuatrocientos cincuenta y siete
    b. tres mil ochocientos veinte y uno
    c. noventa y tres mil seiscientos cuarenta y nueve
    d. seis milliones setecientos veinte y cuatro mil quinientos setenta y tres
    e. trescientos cincuenta y seis

4. a. hace
    b. das
    c. veo
    d. damos
    e. traducen
    f. tienen
    g. da
    h. hago
    i. produzco
    j. conocemos

5. Suggested answers.
    a. Me duele a (part of a body).
    b. Cuesta (a large amount of money).
    c. Yo conozco a Luis.
    d. Damos un paseo (a place).
    e. Tomo (food).

6. Answers will vary.

1. a. me
    b. se
    c. se
    d. te
    e. nos
    f. se
    g. me
    h. se
    i. te
    j. se

2. a. te cepillas
    b. me maquillo
    c. nos sentamos
    d. se va
    e. se visten
    f. se miran
    g. se ducha
    h. nos acercamos
    i. se encuentran
    j. se prepara

3. a. raramente   f. preferiblemente
    b. pesadamente   g. aburridamente
    c. ricamente   h. inteligentemente
    d. naturalmente   i. posiblemente
    e. estúpidamente j. cortamente

4. a. esta
    b. esos
    c. aquella
    d. esta
    e. estos
    f. aquel
    g. esas
    h. estos
    i. esas
    j. estas

5. a. Hace sol.
    b. Llueve.
    c. Hace calor.
    d. Nieva.
    e. Hace fresco.
    f. Hace frío.
    g. La temperatura es noventa y ocho grados.
    h. Hace buen tiempo.
    i. La temperatura es doce grados.
    j. Hace mal tiempo.

6. a. Hace buen/mal tiempo. Hace viento. Llueve.
    b. Arturo corre rápidamente (or another name)
    c. Es de mi amigo (or another person)
    d. Porque es interesante (or another answer)
    e. Me despierto a las seis (or another time)

1. a. Bernardo se está divirtiendo con los amigos.
    b. Yo estoy cantando por mucho tiempo.
    c. Tus amigos están comiendo a la escuela.
    d. Usted se está vistiendo temprano.
    e. Ella está jugando cuando hace frío.
    f. Nosotros estamos comiendo por mucho tiempo.
    g. Ella está escribiendo temprano.
    h. Yo estoy vistiéndome (me estoy vistiendo) a la escuela.
    i. Tus amigos está comiendo en la cafetería.
    j. Bernardo está jugando con los amigos.

2. 1. i
    2. a
    3. f
    4. h
    5. j
    6. b
    7. c
    8. d
    9. g
    10. e

3. a. Vacación
    b. bronceArse
    c. montar a Caballo
    d. Alpinismo
    e. Costar
    f. Ir de camping
    g. gastar dinerO
    h. moNtañas
    i. Esquiar
    j. Sacar fotografías

4. a. I walk to the travel agent's office.
    b. I go to the mountains by plane in order to ski.
    c. I travel by bus to the museum.
    d. I like to go by car.
    e. I stay at the beach for four hours.

5. 1. b
    2. c
    3. a
    4. b
    5. c
    6. a
    7. c
    8. c
    9. b
    10. c

6. a. ¿Quién la sacó _____?

   b. Mañana lo tenemos _____ .

   c. Quiero _____ repasar la.

   d. ¿las puedes _____ mirar esta tarde?

   e. _____ es importante _____ comprender las.

   f. Mi padre me escucha _____ .

   g. Mi madre lo va a _____ escribir a máquina para mí.

   h. No te veo _____ dentro de las multitudes.

   i. la termino _____ a las ocho.

   j. la necesitas _____ vender.

7. a. Lo

   b. Las

   c. La

   d. La

   e. Los / Las

8. a. (No) voy a traerlos (los voy a traer) a la clase.

   b. (No) la prefiero.

   c. (No) es necesario escribirlos con el bolí.

   d. Lo leemos por la mañana(la tarde, la noche).

   e. (No) voy a visitarte (te voy a visitar) hoy.

9. The student responses may vary. As long as they reflect an understanding of the text, and are correct for the text, you should accept them. Suggested answers are given.

   a. Porque le gusta gastar dinero.

   b. Piensa viajar a la montañas, ir de camping y viajar a la playa.

   c. Le gusta esquiar.

   d. No es de Suecia. Necesita un pasaporte para viajar a Suecia.

   e. Sí le gusta. Va con los amigos.

   f. Gasta mucho dinero en Mexico.

   g. Mexico ofrece las playas bonitas.

   h. Porque no le gusta ir en avión y cuesta mucho.

   i. Va de camping al bosque.

   j. Va en el verano.

10. Answers will vary. Grade this composition based on two properties—grammatical correctness and adherence to the assigned theme.

1. a. Le traigo un libro.
    b. Paco te da un regalo excelente.
    c. Nos escribes una carta.
    d. Uds. me muestran las fotos.
    e. No quiero decirles la razón. or
       No les quiero decir la razón.

2. a. Se la decimos.
    b. Se las traigo.
    c. Se lo muestras.
    d. Se las escriben.
    e. Se lo da.

3. a. conmigo
    b. delante de ella
    c. al lado de ellos
    d. encima de ella
    e. sin nosotros

4. Tenemos que salir *en seguida* porque
    la fiesta comienza a las ocho *en punto.*
    Con frecuencia estamos tarde. *Por*
    supuesto, no quiero estar tarde *de*
    nuevo. Mi hermana siempre nos grita
    de esta manera, "Uds. siempre llegan
    tarde *a pesar de* saber la hora que
    comienza la fiesta." Y le respondo *en*
    voz alta que tiene razón. Le pido a ella
    "con permiso" y ella me respondo *"con*
    mucho gusto" porque nos amamos
    mucho.

5. a. la carnicería
    b. la papelería
    c. la lechería
    d. la zapatería
    e. la frutería
    f. la farmacia
    g. la librería
    h. la florería

1. a. Seattle
    b. Buffalo
    c. New York (Nueva York)
    d. Las Vegas
    e. Chicago

2. a. Cae siete pisos.
    b. Es una bajada casi vertical.
    c. Son certificados.
    d. No se permiten bebidas alcohólicas
       ni contenedores de cristal.
    e. Ofrecen información sobre fiestas
       privadas, comidas campestres u
       otras actividades de grupos.

3. Answers will vary. Make sure
    that subject/verb agreement, adjec-
    tive/noun agreement, spelling and
    word order are correct.